Bernhard J. P. Zimmer

Sense und Nonsense

AF146137

Buch

Die hier versammelten, meist heiteren Gedichte und Prosastücke sind durchsetzt mit solchen, die eher melancholisch und philosophisch anmuten. Abgesehen von zwei Gedichten und eines Kurzprosatextes, die in kleiner Auflage in der Abiturzeitschrift erschienen und eines selbst gebrannten CD-Mitschnitts einer Dichterlesung in der Nürnberger „Weinerei", ist dies die erste Veröffentlichung des Autors.

Autor

Bernhard J. P. Zimmer, geboren am 16. Mai 1968 in Erlangen, war bereits in der Grundschule erfolgreich beim Schreiben von Fantasie-Aufsätzen, von denen allerdings keine erhalten sind, da er seine Werklein am Schuljahresende mit allen anderen Schulheften entsorgte, da ihm seine Aufsätze im Rückblick nicht mehr gefielen. Die Lektüre, vor allem von Franz Kafka, motivierte ihn erst in der 11. Klasse des Gymnasiums Prosatexte zu verfassen. Bei seinen Gedichten war der Auslöser ein Widmungsgedicht zur Hochzeit eines Cousins aus Wuppertal. Anfangs entstanden auch mehrere ungereimte Gedichte, später schwenkte das Hauptgewicht über zu gereimten Gedichten, wobei seine Vorbilder Wilhelm Busch, Kurt Tucholsky, Eugen Roth, Heinz Erhardt, Ringelnatz und Robert Gernhardt waren. Ob er diesen Vorbildern gerecht wurde, kann nur der Leser entscheiden.

Sense und Nonsense

Gedichte und Prosa aus eigenem Anbau

Bernhard J. P. Zimmer

BoD

Bibliografische Information der Deutschen Nationalbibliothek: Die Deutsche Nationalbibliothek verzeichnet diese Publikation in der Deutschen Nationalbibliografie; detaillierte bibliografische Daten sind im Internet über www.dnb.de abrufbar.

Originalausgabe Oktober 2015
Copyright © 2015 Bernhard J. P. Zimmer, Erlangen
Titelbild und S/W-Illustration zum „Alten Ostergedicht"
vom Autor
Herstellung und Verlag:
BoD – Books on Demand, Norderstedt
www.bod.de
Made in Germany

ISBN: 9783738656473

Im Hut ist's gut,
da ruht der Mut,
drum tut man gut,
ruht man im Hut.

Pumuckl

(zitiert nach
„Pumuckl und Puwackel"
von Ellis Kaut †)

Gereimtes

Sinn- und Unsinngedichte

Kaiserschmarrn

In einem Wiesentale
saß Kaiser Karl, der Kahle
und kraulte sich das Haupt,
das kahl war, wie man glaubt.

Doch Kaiser Otto, der Große
aß gerne Kloß mit Soße
und hatte sehr viel Spaß
an einem Rotweinglas.

Selbst Kaiser Otto, der Zweite
hatte, was ich nicht bestreite,
viel Freude an reichlichem Essen,
das wollen wir nicht vergessen.

Auch König Ludwig von Bayern
konnte recht ausgiebig feiern
und gab, das steht fest,
fast täglich ein Fest.

Und Kaiser Wilhelm dem Ersten
gefiel's Essen bis kurz vor dem Bersten,
trank Wein und Bier durcheinander
mein Gott, war der beieinander!

Der Hamburger

Karl-Otto war ein Hamburger
und aß gern einen Hamburger
jedoch, wir wissen es besser,
er war kein Menschenfresser.

Der Marinekapitän

Ein Kapitän der Marine
aß Brötchen mit Margarine
und hatte er dann genug
tat er noch so manchen Zug
von Glühwein aus der Terrine.

Monaco

Monaco ist ein Stadtstaat
Wo's Autos ohne Kat hat
und wenn sie dann stinken
und zum Abbiegen blinken,
merkt man, wie sehr man sie satt hat.

Im kühlen Grund

In einem kühlen Grunde
stehn Kranke und Gesunde
und kühlen sich die Stirne,
denn ihnen glüht die Birne.

Kafka, der Dichter

Der Dichter Kafka war grad tot,
da kam sein Freund, der hieß Max Brod,
verlegte Kafkas Werke.
Daraus ersehn wir, merke:
Bist Du erst mal gestorben,
dann wirst Du auch umworben.

Van Gogh

Van Gogh verkaufte im Leben,
so heißt's, nur ein einziges Bild.
Und heute balgt man sich eben
um seine Werke, wie wild.

Van Gogh wäre reich geworden,
könnt' man sich zum Schein nur ermorden.

Heino

Heino, der Schlagersänger,
singt, je lieber, je länger,
von der schwarzbraunen Haselnuss;
das ist freilich kein Hochgenuss.

(Das Gedicht entstand vor Heinos Rock-Cover-Karriere)

Der Schelm Otto

Otto, der Schelm aus Ostfriesland,
einmal an der Nordsee im Kies stand,
dort schwitzt' er vor Hitze,
und riss laufend Witze,
die außer ihm keiner sehr süß fand.

Das Schloss in den Ardennen

In einem Schloss in den Ardennen
Wollt' ich mal eine Nacht lang pennen.
Doch wie sich dann herausgestellt,
hatt' ich dafür zu wenig Geld.
So hab ich darauf verzichtet
und das Schloss nur bedichtet.

Am Fenster

Als ich einmal am Fenster saß,
beschlug vor mir das Fensterglas,
du glaubst wohl an Gespenster, was?
Da werden sogar Gangster blass!

Der edle Ritter

Ein sehr edler Ritter aus Thüringen
Wollt' für seine Liebste vor der Tür singen.

Sie fand das nicht toll
und nahm ihn nicht für voll,
hat gewartet, bis andre durch die Tür gingen.

Der Offizier

Ein Gendarmerieoffizier
fuhr im Urlaub einmal nach Trier.
Dort wollt' er 'nen Kaffee
doch es gab nur noch Tee,
und so trank er dann lieber ein Bier.

In Halle an der Saale

In Halle an der Saale
stand mal der Mond, der fahle
in voller Schönheit am Firmament,
wie man ihn sonst nur von Postkarten kennt.

Doch dann hat er abgenommen
und ist zum Neumond verkommen,
wie wir daraus ersehn,
so kann's jedem ergehn,
da hilft auch kein Beten den Frommen.

Andy Borg

Wenn ich mir von Andy Borg
selbst auch nie sein Handy borg,
bin ich dennoch sicher, fast,
damit hab ich nichts verpasst!

Karel Gott

Karel Gott, der Prager Barde,
gehörte mal zur ersten Garde
der Schlagersänger deutscher Sprache,
ob's schön klang ist `ne andre Sache.

Pfeifen auf ewige Jugend

Ich mach' aus der Not eine Tugend
und pfeif' auf die ewige Jugend.
So werde ich halt
grau, faltig und alt
und hoff', dass man mich dann auch klug nennt.

Auf langen Kaffeefahrten

Wenn, auf langen Kaffeefahrten,
wir auf unsern Kaffee warten
und wir uns auf unsern treuen
Hund und unsern Garten freuen,

14

dann reift in uns die Erkenntnis:
schön, wenn so `ne Fahrt zu End' ist.

Der Dackel in Daglfing

Neulich war's in Daglfing,
dass man einen Dackel fing.
der hieß Waldi, oder so,
weil er aus dem Aldi floh.

Als man ihn nach Haus gebracht
hat er auf's Parkett gemacht.
Daraus kann man noch nicht schließen,
Dackel machten nie auf Fliesen.

Ein Dackel aus Wanne-Eickel

Ein Dackel aus Wanne-Eickel
war mit seinen Ohren recht heikel;
sie hingen herab,
im ganzen recht schlapp,
er hieß Michael oder „Meikel".

Die Kirche San Lorenzo

In der Kirche San Lorenzo
Dachte ich bei mir: „hier brennt's wo!"
Doch dann sagte ich mir schlicht:
„Das ist nur das ewige Licht!"

Auf einen Pappdeckel geschrieben

Auf einen Deckel von Pappe
Leg' ich eine Mark, eine schlappe;
und wunder mich dann,
wenn ich doch zahlen kann,
weil die Mark war nur `ne Attrappe.   (18.6.2000)

Casino

Wie sie in die Tiefe
ihrer aller leeren Gläser schauen,
an geplanten, und verpatzten,
an geträumten Chancen bauen.

Wie sie Plastikmarken dann
ein um andre vor sich werfen,
die gehofften, die verpfuschten
Chancen hinterher.

Im Nebel schleichen

Ganz gewohnt im Nebel schleichen,
mit Bewusstsein Geister sehn,

in vertrockneten Gedanken
und verstaubten Kleidern gehn.

Ich schau Bilder, die sich gleichen
und doch wanken und verwehn.

Bei schönen Feen

Wenn, bei einer schönen Fee,
ich an Finger oder Zeh'
einen Ring der Ehe seh',
kann's geschehen, ich gesteh',
dass ich rasch von dannen geh'.   (19.8.2000)

Fisches Lippen

Oh, wie goldig war die Eine,
mit den Lippen eines Fischs,
mit den Augen von Asiaten
und dem ratlos lieben Blick.

Leichtlebiger hätt' ich sein gewollt
-    ich war's nicht.
Vielleicht hat's nicht sein gesollt

\-   ich weiß nicht.

Leicht gewesen wäre es,
sie verliebt zu machen,
dabei wäre leichter noch
irgendwas zerbrochen.

Oh, wie bin ich nun erleichtert,
dass sie weg ist, wie enttäuscht
\-   ich frage, wo mein Herz
und wo der Zweck ist.

Pizza in der Mittagshitze

Willst du in der Mittagshitze
in die heiße Pizza beißen
oder lieber coole Witze
über die Stadt Nizza reißen?

Oder willst du doch vielmehr
baden in dem blauen Meer,
welches Côte d'Azur genannt,
bzw. dessen Strand?

Wenn das so ist, rat ich dir:
Trink vorm Baden weder Bier,
Schampus, Schnaps noch Limonade,
denn es wär' doch wirklich schade,

wenn du grad so blau wie's Meer
schaukelst in den Well'n umher
und am End', wir wolln's nicht hoffen,
bist im Mittelmeer ersoffen.

Drum iss lieber deine Pizza,
an der Côte d'Azur, in Nizza,
reiß auch besser keine Witze:
Wer lacht schon gern zur Mittagshitze?

Kaiser Augustus

Hätte der römische Kaiser August
Schon in der Antike gewusst,
dass man mal nach ihm nicht nur einen
Monat benennt,
den heute noch jeder Badefreund kennt,
sondern auch einen dummen Clown,
er hätt' wohl vor Wut
irgendjemand verhaun.   (5.8.2000; 3:24)

Ein Dichter zwar

Ich bin ein Dichter, zwar,
ein Denker nicht –
denn dazu ist mein Dicht-
und Denken doch zu schlicht.

Ein Denkerlein vielleicht,
ein kleines Licht
auf dieser Welt,
jedoch, das stört mich nicht.

Schreib meine Prosa,
meine Verse,
schreib, was ich so sah,
was ich gern seh'.

Und wenn mein Licht
einmal verlischt,
sagt man sich schlicht:
Es rauscht die Gischt.   (22.9.2000; 23:43)

Jahrelang

Jahrelang war ich verliebt,
mal in die und mal in jene,
doch stets hab ich es versiebt,
keine wollte meine Gene.

Also blieb ich, was ich war –
Einzelgänger, sonderbar,
etwas linkisch, sonst fidel,
ein Topf halt, dem der Deckel fehlt.

Wird sich daran wohl was ändern?
Findet sich in all' den Ländern
dieser Erde nicht die Eine,

die will werden meine Kleine?

Nicht? So, nun dann werde
ich bestimmt, bevor ich sterbe
und vertrunken hab mein Erbe
reiten in die Sonn' zu Pferde,

Wie dies einst John Wayne getan,
wenn ein Western ging zu Ende.
Ein Held, der still verzichten kann...
und wenn er doch noch eine fände?

Nun, dann gäb's doch ein Happy-End
á la Hollywood zum Schluss.
John und ich geb'n uns die Händ'
und mein Mädchen kriegt `nen Kuss.

(25.9.2000; 0:49)

Ein Dichter, nur, von vielen

Bin kein Heinz Erhardt,
kein Wilhelm Busch.
Doch sind meine Reime
nicht immer nur Pfusch.

Sind mal recht heiter,
mal melancholisch,
sind mal gescheiter,
mal alkoholisch.

Wenn mich meine Verse mal
sollten überdauern
lernen Kinder sie, voll Qual,
in der Schule und die Schlauern

Merken dabei dann vielleicht,
dass nichts dieser Dichtung gleicht,
außer Gernhardt, Busch, Heinz Erhardt,
man sieht, wie's ein Dichter schwer hat!

Einzigartig ist man selten
und alle wollen etwas gelten.
Ringelnatz war ein Genie,
ihn erreiche ich wohl nie
und von Goethe trenn' mich Welten.

(25.9.2000; 1:10)

Ich werde gehn von dieser Welt

Ich werde gehn von dieser Welt,
irgendwann, sobald es Zeit ist.
In eine andre Welt hinein
irgendwohin, wenn es auch weit ist.

So, wie mir hier die Zeit vergeht,
vergeht mir dort dann wohl die Ewigkeit.
Wenn meine Stunde schlägt, bin ich bereit,
den Weg zu gehn, von dem man sagt:

Es führt kein Weg zurück -

und mit etwas Glück
darf ich bis dahin hier auf Erden
noch etwas lebensfroher werden,

Dass mir nicht Tag für Tag
und Jahr um Jahre
nur Schritte sind am Wege,
von der Wieg' zur Bahre.   (13.12.2000; 0:59)

König Ludwig II.

Herr Ludwig steckt den Ärmel in
den weißen Mantel aus Hermelin.
Sein Aug' und Mund sind angespannt,
er steht in Pose an der Wand
vor `nem königlich bayrischen Maler
und denkt dabei an seine Thaler.

Sollt' er zu dem Schlössererbauen
sein Land an die Preußen verhauen?
„Hab' ich erst die Märchenschlösser",
so gab sich der König an Stösser,
„krieg ich die Devisen in Kisten
herein von japan'schen Touristen!"

So griff noch viel härter das Schwert er
und rief seine Schreiber und Gärtner.
„Schickt 400 Rosen der Sissy nach Wien
und der Bote nach Potsdam soll heute noch ziehn."

Dann nahm König Ludwig sein Fernglas zur Hand,
sein Blick streift voll Ahnung das bayrische Land.
„Werd'n mir das meine Bayern verzeihen?
Doch was soll's, wenn die Banken nichts leihen?"

Drauf schritt er voll Würde zum Sofa hin,
„wie gut, dass der Märchenkönig ich bin!"

(Nach einem Ludwig II.-Gemälde „kopiert von Harry Petram,
1993" im Forsthaus Mühlthal a. d. Würm) Entstehungszeit des
Gedichts vermutlich Oktober 1997 oder später.

Parabel vom Pferde

Was denkt sich so ein Pferd,
wenn es, durch mich beschwert,
durch Tal und Wiese schreitet?

Denkt es sich, „Mensch, so 'n Mist,
dass der im Kreuz mir ist,
ich schufte und er reitet!"   (21.10.1997)

Ein Sehnen

Ein Sehnen, wie von alters her,
zieht mir durch mein Gehirne,
mir saust der Frack und pocht das Herz
und mir dröhnt meine Birne.

Denn der Preis fürs Rindsprodukt
hat sich in die Knie geduckt.
Was sich nicht verkaufen lässt,
kriegt in der Schlachterei den Rest.
Wird verschürt darauf im Feuer:
Durchfüttern, das wär' zu teuer.

Märtyrerin Kuh, wir hoffen,
dass in der Zukunft, welche offen,
du wirst in Indien neugeborn,
als Heil'ge Kuh beginnst von vorn.

                    (28.1.2001; 22:53)

Unter den Dichtern, nur einer unter vielen

Ich bin unter den Dichtern,
den reifer'n und den schlichter'n,
nur einer unter vielen,
die mit den Wörtern spielen.

Ich bin ein Schelm der Reime,
die ich zusammenleime,
so wie's mir grad gefällt
und sich's zum Vers gesellt.

Noch kennt mich kaum ein Kenner
der deutschen Dichtersmänner
und Dichterinnenfrauen.
Soll ich mich dennoch trauen,
`nen Elf`beinturm zu bauen,

in dem ich dichtend wohne dann
und meine Nachbarn schonen kann?
Denn den'n geht nichts so an die Nieren,
wie Dichter, die „sich" rezitieren.
So schreib' ich mein Gereim',
im Stübchen insgeheim,
les es mir halblaut vor,
vergnügt, wie nie zuvor.

Geht dann mal meine Reise
zu End' mit mir, als Greise,
werden vielleicht entdeckt,
die Verse, die versteckt
im Nachlass, mein, geschlafen
und Schüler dann, die braven,
lernen sie drauf mit Fleiß
zu meinem Lob und Preis.   (29.1.2001; 1:44)

Ein Schelm, der Böses dabei denkt

Ein Schelm, der Böses dabei denkt,
wenn man ihm einen Gaul geschenkt,
dem er zuvor ins Maul nicht schaute,
weil er sich dazu nicht getraute.

Kein Schelm dagegen, wer, ganz sacht,
den g'schenkten Gaul nach Haus gebracht
und seiner Tochter gibt zum Reiten,
wer würde das denn auch bestreiten?
                                  (29.1.2001; 2:28)

Ärztliche Schweigepflicht

Zu der Ärzte Schweigepflicht
äußre ich mich weiter nicht.
Denn so werde ich Euch zeigen,
dass auch Dichter können schweigen.

(29.1.2001; 3:36)

Auf diesem Planeten

Das Leben, auf diesem Planeten,
ist nur lustig für einen Proleten.
Jede fein're Natur
spürt von Lust keine Spur
und muss noch um Besserung beten.

(4.2.2001; 1:42)

Um Mitternacht gedacht

Mitten in der Nacht gedachte
ich der Fehler, die ich machte.
Kam dabei auf den Gedanken,
jedes Zögern, jedes Schwanken,
war ein Prüfstein meines Lebens,
dennoch war es oft vergebens.

Daraus folgre ich betroffen:
wie ich mich je entscheid', bleibt offen.
Was ich Falsches tat bisher

lässt sich ändern nimmermehr.

Bleibt zu hoffen immerhin,
dass ich zu lernen fähig bin,
aus den Fehlern, die mir hin
und wieder unterlaufen sind.

So bin ich doch ein großes Kind,
das nicht so recht weiß, was es soll
und bin doch auch an Träumen voll,
die mir die Zukunft schmücken aus.

Ich sitz' in meinem Schneckenhaus
und bild' mir ein, ich wär' schon älter.
Mein Schneckenhaus ist ein Behälter,
in dem man sicher ist vor Sorgen,
so hoff' ich jedenfalls: auch morgen.

(4.2.2001; 1:47)

Das Leben dieser Tage

Das Leben, in diesen Tagen,
gibt häufig Grund zum Klagen.
Und macht es uns auch betroffen,
am Brandungsfels, dem schroffen,
an jenem Felsen im Lebensmeer
ist schon gescheitert ein Menschenheer.

Was aber können wir nun daraus
folgern auch für unser Leben?

Es kommt nicht immer dabei was raus,
wenn wir manisch am Stolperstein kleben,
der sich frech in unseren Weg uns stellt
und uns vom heiteren Schreiten abhält.

Frei müssen wir wieder werden und mutig;
wird dabei auch mal unsre Nase blutig,
und lachen ob jedem verpatzten Versuch,
denn nur so spotten wir jedem üblen Fluch.

Das wär' doch, so find' ich, eine schöne Devise -
und ich wähl, wenn ich kann, keine andre als diese
und geh' voll Vertrauen in die Zukunft hinein,
denn viel übler als das Gestern kann die auch nicht
sein.   (4.2.2001; 2:15)

Reimtalent aus Mittelfranken

Ich, Reimtalent aus Mittelfranken,
will mich beim Publikum bedanken,
dass sie mich bislang nicht mal noch
wahrgenommen haben, doch
bin ich mir dessen auch bewusst,
dass darauf meine Würde fußt,
die niemand mehr mir nehmen kann,
auch wenn ich dann mal irgendwann,
aus diesem oder jenem Grund,
bin weltbekannt im Erdenrund.
                                    (4.2.2001; 2:41)

Kuh oder Schwein?

Schwein oder nicht Schwein?
Das ist hier das Schnitzel!
Will sagen Frage...!
Was könnte meine Antwort sein
auf's Schlagzeilengewitzel?
Vertrackte Lage!

Worüber soll man heute
entsetzter sein:
Die Küh' der Seuche Beute,
Medizin im Schwein?

Vielleicht ist ja des Schweines Haxe
die beste Krankheitsprophylaxe?
Und BSE bei aller Frustration
bremst die Bevölk'rungsexplosion!

Wie dem auch sei, die Fleischeslust
weicht schnell dem Konsumentenfrust.
Zwangsvegetarier sind wir nun,
nur ab und an gibt's halbes Huhn.

Für meinen Teil, ich denke mir,
noch fand bisher man nichts im Bier.
So lasst uns fröhlich weiter saufen,
das Rindfleisch soll'n die andern kaufen.

Und sind wir endlich sturzbesoffen,
erkennen wir dann doch betroffen:

sind Kuh und Schwein auch ungenießbar,
der Sonntagsbraten gar nicht mies war.
Doch woran hängt man mehr, am Essen
oder am Leben? Wir woll'n nicht vergessen,
Wurstessen ist wie russisches Roulett...
und es macht außerdem noch fett.

So komm' ich ferner zu dem Schluss,
Verzichten auf den Fleischgenuss,
ist dann doch immer noch die beste Wahl;
ich grüß und hoffe, nicht das letzte Mal!
$$(3.2.2001; 17:00)$$

In tiefer Nacht

Nun will es nicht mehr Abend werden,
es ist bereits schon tiefe Nacht.
Man schläft in diesem Teil der Erden,
ein Tag voll Mühe ist vollbracht.

Wenn morgen wir, mit steifen Knochen,
sind aus dem warmen Bett gekrochen,
steht eins auf jeden Fall doch feste:
Gesunder Schlaf ist noch das Beste.

Statt, wie jetzt ich, mit Stift und Buche,
der Nacht zum Trotz, voll Eigensinn,
dem Vers und Endreim auf der Suche,
zu bleiben und dem Lustgewinn.

Die Mehrzahl der vernünft'gen Leute
liegt schlafend lieber drin im Bett,
erwartet still ein neues Heute;
das ist, so find' ich, auch ganz nett.

(15.2.2001; 1:30)

Mein Fetisch

Ich hatte einen Fetisch,
der stand auf meinem Teetisch.
Ich lud mir Gäste ein zum Tee,
die sahn den Fetisch aus der Näh'.

Es wunderten sich alle sehr,
der Fetisch selbst sich noch viel mehr
und sprach zu meinen Gästen:
„Gestatten, meine Besten?

Sie wollen wissen, was ich bin?
Nun, anzubeten ist mein Sinn.
Ich bin ein Fetisch, wissen sie?
Das stört mir mein Gewissen nie.

Denn ich tu' weiter gar nicht viel,
bin nur Figur in einem Spiel,
dass alle gern betreiben.
Ich denk, das wird so bleiben."

(27.11.1996)

Die Frage nach der Macht

Ich befasste mich zur Nacht
mit der Frage nach der Macht.
Macht die Macht, dass mancher Mann
manchmal mächtig werden kann,
oder macht sie mitternächtig
manche Memmen mehr bedächtig,
ohnmächtig sogar und ängstlich?
Gelöst ist diese Frage längst nicht.

Mancher wurde durch die Macht
um sein Hab und Gut gebracht,
andre wieder sind hienieden,
weil die Macht sie ständig mieden,
verschont geblieben von dem Ärgsten
und waren nicht einmal die Stärksten.

Wer Macht gebraucht, der muss bedenken,
wir soll'n beschenken uns, nicht lenken.
Drum schenke jeder Machtbefugnis
an jeden weiter, wenn er klug ist.

Denn Macht ist nun mal da zum Teilen,
drum woll'n wir an Gesetzen feilen,
die diese Teilung staatlich regeln
und machtvoll in die Zukunft segeln.

(21.2.2001; 2:30)

Dichterwagnis

Ich würd' zu dichten gerne wagen
Poeme für die Ewigkeit,
doch denk' ich mir, an manchen Tagen:
das ist `ne viel zu lange Zeit.   (23.2.2001; 3:19)

Von unseren Vorfahren

Es hat sich wohl herumgesprochen,
dass unsre Vorfahren dereinst
aus Urmeer'n sind hervorgekrochen
und lernten laufen, ja, so scheint's.

Sie lernten sprechen auch und lachen,
die Jagd, den Feldbau, Kriege machen,
kurz, alles was man heut' noch tut,
wenn man nicht grade davon ruht.

Sie lernten häkeln, nähen, stricken,
sternkundig in die Nacht zu blicken
Um Sprache länger aufzuspeichern,
erfand man Wort- und Silbenzeichen.

So ward der Mensch dann irgendwann
von heut' auf morgen Dichter dann,
schuf für die Nachwelt manch' Poem,
wie mittlerweile ich, soe'bm.   (23.2.2001; 3:27)

Wie einst Homer

Wie einst, in Griechenland, Homer,
so schreiben viele Leut' nunmehr
in episch weit und breiter Art
Geschichten in der Gegenwart.

Vielmehr, zwar jetzt, doch nicht im Präsens,
sondern Präteritum, weil's was Gewesen's,
das, was sie da erzählen.

Doch möchte ich nicht verfehlen,
hier anzumerken, dass
das meiste niemals „war", nur Spaß
und reine , frei erfund'ne Mär,
manchmal wär's schlimm, wenn's anders wär.

(23.2.2001; 3:54)

Wenn der Mond am Himmel steht

Wenn der Mond am Himmel steht,
Nachtigallen singen.
Wandrer, der vorüber geht,
hört's von fernher klingen.

Denkt dabei vielleicht für sich:
„Wäre es nicht schön?
Könnt' genauso glücklich ich
in die Zukunft sehn."

Immer tiefer wird die Nacht
und der Wandrer schaudert,
hat ein Feuer sich gemacht
und nicht lang gezaudert.

Er streckt sich zum Schlafen aus,
Nachtigallen schweigen;
noch so fern ist sein zu Haus
und die Nebel steigen.

Morgen früh wird weitergehn
seine Wanderschaft,
morgen wird man weitersehn,
was der Wandrer schafft.

Findet er den Weg zurück
in sein Heimatdorf
oder bleibt er ohne Glück,
stapfend durch den Torf?

Doch als der Schlaf ihn übermannt,
hat er einen Traum,
er fliegt mit Engeln übers Land,
Seen, Busch und Baum.

Und bevor der Morgen graut,
ist der Wandrer tot,
nunmehr wird die Amsel laut,
grüßt das Morgenrot.   (28.12.2000; 1:45)

Vom Leben des Lebemanns

Verwundert geht der Lebemann
wiedermal sein Leben an.
„Ist es", denkt er, „nicht erstaunlich,
dass meinem guten Stern noch traun ich
kann und meinem Schicksal?

War ich nicht früher dick mal?"
So denkt er weiter vor dem Spiegel.
„Darauf geb' ich mir Brief und Siegel",
das sagt er laut und lacht.

„Was man für Sachen macht,
wenn man noch jung und kühne ist,
mein Leben auf der Bühne misst
doch auch nur vier, fünf Akte;
doch diese Zahl, die nackte,
reicht kaum aus, mich zu schrecken.

Mit meinem Mut, dem kecken,
da trotz ich jeder Fährnis
und mangelt's auch Bewährnis,
so geht's doch weiter irgendwie
und an ein Ende glaub' ich nie,
auch wenn es dann mal eintritt
und himmelwärts mein Heimritt
sich nicht mehr wenden lässt,
genieß ich erst den Rest
von diesem Budenzauber
auf Erden hier im Staub, der

mir nie zu schmutzig war,
um ihn zu fliehen gar,
vorzeitig abzutreten,
das hätt' ich mir verbeten!"
So sprach voll Stolz der Lebemann.
Was aber sagt man nebenan
bei braven, guten Leuten gern
über den selbstbewussten Herrn?

„Er ist, wie er im Buche steht,
ein Kerl, der auf die Nerven geht.
Und wenn aus ihm je etwas wird,
dann nur ein Ochs', der Mist gebiert!"

So sagen jene, doch ich find',
dass auf der Erd' nicht wen'ge sind,
die auch nicht viel erreichen,
kaum einer setzt schon Zeichen,
die hehr und ewig stehn.
Naja, man wird es sehn.   (25.2.2001; 3:05)

Vom Schnupftabak

Ich nehm' mir eine Prise
Tabak nach der Devise:
wer morgens schnupft, lebt länger,
als wer des Morgens gar nichts tut,
nur still und müd' im Bette ruht.

Minzfrisches Prickeln in der Nase

44

und dabei schnüffeln, wie ein Hase,
macht oft das Leben erst erträglich,
drum schnupft der Kenner möglichst täglich.

Warnt auch der Herr Minister
vor Krebsgefahr, so ist er
im Unrecht doch, denn wie man weiß,
wird Schmalzler ja nicht glühend heiß
verbrannt und inhaliert
und auch wer nicht studiert
hat, der begreift sogar:
Mit Krebs, das ist nicht wahr.

Bleibt übrig noch das Nikotin,
dass doch ein Nervengift ist,
das geht beim In-die-Nase-ziehn
ins Blut, was schon ein Mist ist.
Erst putscht es auf, dann lähmt's ein wenig,
greift an das Herz und engt die Adern,
doch klein ist eine Pris', versöhnlich,
will ich nicht länger drüber hadern.

Das Gift von zwanzig Zigaretten
ist wohl ein mannigfaches
von zwanzig Prisen eines Tages,
denk' ich, das wird mich retten.

                                        (25.2.2001; 3:52)

Goethe, anno 1830

Im Jahre Achtzehn-Dreißig
war Goethe noch sehr fleißig;
erschuf Gedicht', Romane, Dramen,
das alles, ohne zu erlahmen.

War Klassiker zur Lebzeit schon,
hatt' eine Frau und einen Sohn.
Er war, wie man so sagt,
mitt'weilen hochbetagt.

Sein Freund, Herr Schiller, war schon tot,
mit Eckermann, Freund in der Not
hat er sich unterhalten,
was schriftlich uns erhalten.   (25.2.2001; 14:27)

Borgen von einem Lumpen

Willst Du Dir von einem Lumpen
einmal fünf Mark fünfzig pumpen,
kannst Du, hoff' ich, damit leben,
elf Mark ihm zurück zu geben.

Denn, da es ein Lump gewesen,
der Dir aufkam für die Spesen,
lässt er's nicht fehl'n an Mahnungen
verdoppelter Rückzahlungen.

So rat' ich Dir, ganz allgemein,
laß' Pump bei Lumpen besser sein,
erwerb' Dir lieber dann Dein Geld
durch Arbeit, ehrlich, denn das fällt

zwar schwerer oft, als was zu leihen,
indes, es führt zu mehr Gedeihen,
macht obendrein noch selbstbewusster,
weil jeder seines Glückes Schuster,

beziehungsweise Schmied sein sollt',
Handwerk hat Boden ja, von Gold.

(1.3.2001; 14:00)

Kein Wort fränkisch

Ich sprech' zwar kein Wort fränkisch, noch
und bin trotzdem ein Franke, doch.

Sind böhmisch meine Eltern,
geboren bin ich hier;
tu' fränkisch' Wein mir keltern
und trink' Erlanger Bier.

Ich bin ein Halbblut, ganz gewiss,
sprech' hochdeutsch und bin Bayer.
Und wenn ich irgendwas vermiss,
gewiss nicht jene Leier
vom Ewigdeutschen Wesen,
an dem die Welt genesen.

Ich bin ein BRDesier,
Süddeutscher, Bayer, Franke
und Böhme, nur kein Schlesier
und sag' verbindlichst: „Danke!"

(4.3.2001; 2:09)

Keinen Dunst von hoher Kunst

Hab' ich auch keinen Dunst
bei Sichtung
der Werke hoher Kunst
der Dichtung.

So misch' ich dennoch eifrig mit
beim Reimen
und hoff' doch, manches würd' ein Hit,
was ich da dichte, im Geheimen.

Werd' ich auch nie im Brockhaus stehn,
zur Ehrung meiner Taten,
möcht' ich doch meine Werklein sehn
in Büchern, wohlgeraten.

Bis mich mal ein Verleger nimmt
vergeht vielleicht noch manches Jahr,
was mich nicht grade fröhlich stimmt
und zuversichtlich dann sogar.

Doch braucht ein unentdeckter Dichter
als allererstes mal Geduld,

reimt weiter lyrisch und nicht schlichter
und das sei seine einz'ge Schuld.

(4.3.2001; 18:39)

In vornehmen Gedichten

Wollt' ich meine neuen Sichten
in vornehmen Gedichten schlichten
oder vielmehr meine dichten
Gedanken in die Zukunft richten,
dann, behaupt' ich mal mitnichten,
wär' vielleicht was aufzuschichten,
dass Bestand hat in Berichten,
die wir um das Ganze flechten,
was wir da berichten möchten.
Wenn dagegen das Gedachte
uns keine rechte Freude machte
und man uns, früh um halb Achte
das Frühstück an das Bette brachte,
schließ' ich draus, für mich ganz sachte,
dass man besser es belachte.

Andrerseits sollt' ich beachten,
dass die längst geschlag'nen Schlachten
uns noch nicht um die Ecke brachten
und wir uns in langen Nächten
unsern eignen Teil dann dächten.

Wie's auch sei, bei dem Gerechten,
wir gehör'n doch zu den echten

Menschen, die am Abend zechten
und nicht zählen zu den schlechten
Geistern, die durchs Weltall schleichen.

Keiner wird je andern gleichen
so wie Klon dem Klongesellen
und da hilft auch kein Verstellen,
während wir durchs Weltall schnellen.

Was zum Schluss ich sagen wollte,
für die Ew'keit taugen sollte,
nämlich, dass der Mensch im Leben,
sollte stets sein Bestes geben
und von allen guten Dingen
müsste seinen Teil beibringen.

Damit sei's nun echt genug
mit diesem Durch-die-Zeiten-Flug
und ich grüße jedermann,
der diese Verse lesen kann.　　(7.3.2001; 5:59)

Ich würd' mein Leben...

Ich würd' mein Leben geben
für, ach, so manche Frau;
doch weiß ich auch, dann eben:
Sie will's gar nicht, genau,
sie hat gar kein Interesse
an meinem Herzensblut;
hätt' ich eine Mätresse,

es wär' schon manches gut.

Was ich auch tu', es fällt doch
in sich zusamm' zuletzt,
und wenn ich auf der Welt noch
was leiste, abgehetzt,
so ist's doch Tand nur und Getändel,
gebaut auf Sand nur und am Ende
von sehr geringer Dauer.

Lieg' ich dem Vers auch auf der Lauer,
kein Geier krächzt danach.
Und daher ende ich mit Schmach
mit knappen, kurzen Worten,
man wird noch allerorten
mir keine Trän' nachweinen,
sich nicht in Trauer einen
und singen meinen Nachruf.   (4.3.2001; 2:57)

Was liebt der Dichter?

Was liebt, zunächst, der Dichter?
Liebliche Gesichter!
Schöne Fraun erfreun das Herz,
führn die Seele himmelwärts.   (1.3.2001; 15:35)

In tiefsten Seelengründen

In meinen tiefsten Seelengründen
wollt' ich eine Lösung finden
für die Fragen unsrer Zeit,
die sich heute machen breit.

Was, frag ich, kann man denn tun,
wenn die Sorgen gar nicht ruhn,
wenn Probleme kommen auf,
hindern unsern Lebenslauf?

Was, wenn alles, was wir machen,
unsre Gegner bringt zum Lachen,
wenn die schönsten Blütenträume
sind zerplatzt in tiefste Räume?

Sollte man, mit aller Kraft,
die Berge aus dem Wege schafft,
das Unheil bei der Gurgel fassen
und ihm manchen Schlag verpassen,
dass es von uns lässt mit Jammern,
um einen andern sich zu klammern?

Oder sollt' man ganz bescheiden
Gutes tun und Übles meiden
und zu allen Lebensfragen
nur noch „Ja und Amen" sagen?

Was man auch tut, man wird hienieden
niemals finden seinen Frieden,
wenn man nicht seine Chance ergreift
und auf alle Sorgen pfeift.

        (8.3.2001; 20:08 / 18.3.2001; 19:00)

Zum Fünfzigsten

I.

Die Zeit ist eine stille Schnecke,
die langsam schleicht
auf rauer Bahn;
biegt ruhig um so manche Ecke,
doch lässt sie keinen an sich ran.

Denn, greifst du nach ihr, sie zu haschen,
zieht blitzschnell sie die Fühler ein,
entzieht sich dir und deine Taschen,
die bleiben leer und du allein.

So zieht die „Schnecke Zeit" dahin
und blickst verschnaufend du zurück,
sind fünfzig Lebensjahr' dahin,
doch geht es weiter noch, mit Glück.

So sagt man wohl, mit heitrem Zwinken:
Viel Glück dann für die nächsten Fünfzig!
Und hebt die Gläser, drauf zu trinken,
in Wirklichkeit ist man vernünftig:

Man hofft auf zwanzig, dreißig, vierzig –
zudem bringt Altern ja auch Nöte,
wer wird schon hundert, wie Queen Mum,
wer dreiundachtzig, wie Herr Goethe?
                              (25.3.2001; 3:44)

II.

Mit fünfzig Jahren ist man sich im Klaren,
was man in dieser Welt erreicht
an Gutem, Schönen und auch Wahren,
was hart und schwer war, wird jetzt leicht.

Man ist nun in den besten Jahren,
hat noch so manches Ziel vor sich;
kann man die Neugier sich bewahren,
erfüllt sich manches, sicherlich.

Man weiß jedoch, des Lebens Scheitel
ist nun erreicht, jetzt geht's bergab.
Doch war nicht alles Trug und eitel,
wird's auch in Zukunft nie zu knapp
an Freude, Freunden, Lieb' und Glück
und man blickt, dankbar, gern zurück.
                              (25.3.2001; 4:14)

Schicksalsfragen

Wie, wenn wir in langen Nächten
uns um die letzte Hoffnung brächten,
unser Schicksal einst zu lösen,
uns zu retten vor dem Bösen?

Was, wenn wir trotz aller Mühen
unsern Schutzgeist selber fliehen,
wenn wir in finstrer Gottesferne
lachend riefen: „Habt mich gerne!"?

Wie nun aber, wenn wir doch
ganz zuletzt erkennen noch,
den, der zu uns hält, mit alter Treue,
uns ins Lichte führt aufs Neue?

Wenn wir dann, wie Goethes Faust,
eine Margarete hätten,
der es vor rein gar nichts graust,
der es glückt, uns zu erretten?

Wär' nicht dann das Tor noch offen,
auf das wir letztlich alle hoffen,
das dem Paradies vorsteht
und durch das man gerne geht,
wenn die Zeit herbeigekommen,
welcher keiner kann entkommen?

Dies schrieb ich, mich selbst zu trösten:
Wer will schon in der Hölle rösten,
wenn es eine solche gibt.
Ich denke, keiner welcher liebt.

Keiner, welcher liebt das Leben
oder andre Menschen, gar.
So bete ich zuletzt, dann eben,
dass meine Hoffnung werde wahr.

(29.3.2001; 2:13)

In meiner Dichterklause

Wenn, in meine Dichterklause,
ich kehr' abends still nach Hause,
schlüpf' in die Pantoffeln rein,
gieß' mir einen Grüntee ein,
dann ergreift mich wohl'ger Schauer
und ich denke mir, genauer,
dichte ein paar Verse mir,
bring' sie zügig zu Papier
und beschließ' danach den Abend,
mich mit Butterbroten labend.

(25.3.2001; 14:18)

Die kleinen Fliegen

Kennst du auch die kleinen Fliegen,
die du haschst und kannst nicht kriegen?
Die mit zittrig wirren Zacken
Surren dir um Stirn und Nacken?

Die sich schar'n um Blumentöpfe,
fäulnisgierige Geschöpfe,
die dir tanzen um die Nase,
die landen auf der edlen Vase,
die du nicht zerbrechen willst
und darum deine Mordlust stillst?

Diese widerlichen Zwerge
sträuben deine Haar' zu Berge.
Du weißt, du kannst sie kaum erwischen,
doch ich mahne dich, inzwischen:

Auch die kleinste Fäulnisfliege
ist ein gottgewolltes Wesen.
Deinen Unmut drum besiege,
sei von deinem Zorn genesen

und schließ' Frieden mit den Motten,
Mücken, Fliegen, die dir spotten,
dir und deiner Waidmannskunst,
denn du hast doch wenig Dunst
von der Jagd auf Fluginsekten,
die deine Jagdlust erst erweckten.

Gönne doch der kleinsten Mücke
auch ihr Leben und ihr Glück.
Denk' dir: „Wenn ich sie zerdrücke,
kehrt sie ins Paradies zurück."

(3.4.2001; 19:40)

Zu später Stunde

Wenn ich nachts, zu später Stunde,
mach' im Garten meine Runde,
denk' ich, „wär' der Mond nicht fahler,
säh' er aus, wie'n goldner Thaler.

Und der Sterne Blitzgefunkel
zeigt erst, wie der Himmel dunkel
und wie wolkenlos die Nacht ist.
Gut, dass dieser Tag vollbracht ist.

Darauf geh' ich still ins Haus,
sperr' die Nachtgespenster aus
und bereit' das Abendmahl,
alles andre ist egal.

Ich verschieb' es froh auf morgen,
jeder Tag hat eigne Sorgen.
Das macht mich nicht weiter bang,
eine tiefe Nachtruh' lang.

(4.4.2001; 19:30)

Nacht hüllt die Welt in Schweigen

Die Nacht hüllt tief die Welt in Schweigen,
das Bächlein rinnt, die Nebel steigen.
Von fernher summt die Autobahn,
selbst jetzt schweigt nicht der Autowahn.

Doch hier im Haus geht man zur Ruh
und schließt erschöpft die Augen zu.
Denn morgen folgt ein neuer Tag,
der bislang in der Zukunft lag
und jetzt doch greifbar ist und nah;
ich schau zur Uhr, er ist schon da.

Er wird uns neue Fragen bringen,
ein oder andres wird gelingen,
und wieder andres geht halt schief,
so wie's bisher auch immer lief.

So hoff' ich auf den Lebensmut
und den, der's Leben weben tut.
Dann wird noch was zu richten sein
und voll Vertrauen schlaf ich ...

(8.4.2001; 1:11)

In Vollmondnächten

Wenn wir oft, in Vollmondnächten,
da wir an Vergangnes dachten,
unsre Fehler sehr bereuten
oder uns mit andern freuten,
dann erkennen wir mit Wehmut,
wie ein falsches Wort doch wehtut.
Und wir reißen uns am Riemen,
wie sich das für uns sollt' ziemen
und bedenken unsre Lage
und erlauben uns die Frage:
Sollten wir nicht klüger sein?
Oder ist die Antwort: Nein!

Klüger werden wir doch später.
Keiner fragt jetzt nach dem Täter.
Denn, in solcher Vollmondnacht
ist man leicht darum gebracht,
seine Not durch Schlaf zu heilen.

Also woll'n die Not wir teilen
mit den Freunden, die durchwachen
und weiter heitre Späße machen.
Denn es ist schon so, wie immer,
Vollmondnächte wären schlimmer,

wenn sie nur vertrödelt wär'n
und nicht nutzten gut und gern
zu dem Zweck des frohen Wachens,
Plauderns, Scherzens, Liebens, Lachens,

denn, wenn man nicht schlafen kann,
fängt man halt zu reden an.

Oder eben dann zu dichten
und zum Schmieden von Geschichten.
Andre fangen an zu lesen,
lesen Dinge, die gewesen
oder frei erfunden sind.

Jeder ist ein großes Kind
doch in solcher Vollmondnacht,
wo die Nacht zum Tag gemacht.
So kann jeder leicht ersehen,
so kann jedem es ergehen,
der, wie ich, den Mond erspürt,
wenn er voll und rund sich rührt,
ziehend durch den Himmelskreise.

Wir, auf unsrer Erdenreise,
sind doch Teile nur des Ganzen,
jeder hat sein Los im Ranzen.
Also schließe ich bedächtig,
zumal es längst schon mitternächtig,
jeder sollte glücklich sein,
dem nun fällt ein Liedlein ein,
unsre Sorgen abzutöten,
uns zu trennen von den Nöten,
die wir nicht vergessen können,
dann lasst uns den Schlaf uns gönnen.

(9.4.2001; 1:17)

Schatz im Herzen

Wenn jeder spürte, welchen Schatz
er doch in seinem Herzen hat,
was gäbe das der Freude Platz,
die dann im Herzen fände statt!

Denn drin im Herzen, da ist Raum,
man traut sich's zu verraten kaum,
für Leben, Liebe, Lust und Leid
und just für jede Menge Leut',
die man geliebt, die man gekannt,
ein Heer von Menschen, ungenannt.

Denn Liebe braucht so wenig Platz,
doch auf der Welt ohne Ersatz.
Das Herz ist ein spezieller Raum,
pumpt nicht nur Blut, sogar im Traum,
ist auch die Kammer deiner Seele,
drum achte, dass du sie nicht quäle.

Ach, wenn doch jeder spürte,
welchen Schatz
er birgt in seinem Herzen,
und blieb' von mir nur dieser Satz,
so ich ihn schrieb, mit Schmerzen,
dann wüsst' ich doch,
trotz alle diesem,
er wirkte noch
und wär' bewiesen.   (9.4.2001; 1:52)

Lang vergessene Zeiten

Lange schon vergessen
sind die Zeiten meiner Größe.
Ich kann mich nicht dran messen,
ohne eine Blöße
mir dabei zu geben,
wie könnte ich denn leben
mit diesem Erbe?

Bevor ich sterbe
will ich daher versuchen,
mir einen Flug zu buchen
nach neuen schönren Zielen
und unter all' den vielen
will ich mir eines finden,
wohin ich dann verschwinden
und mich verstecken kann.

So viele ecken an,
wenn sie sich mühn und wachen;
das will ich gar nicht machen.
Stattdessen muss ich lachen,
ein Feuer mir entfachen,
an dem ich mich dann wärmen kann
und mit den Freunden lärmen, dann.

So geht die Nacht dahin,
ich weiß nicht, wer ich bin
und bin doch glücklich und zufrieden,
hab' ich auch die Gefahr gemieden,

mit Räubern mich zu messen
und hab' doch unterdessen
schon wieder ganz vergessen,
mein Abendbrot zu essen.

Doch will das wohl nichts heißen.
In sauren Apfel beißen,
das werde ich wohl müssen
und meine Freundin küssen,
sobald ich eine habe,
so eine holde Gabe,
die fehlt mir ja bislang,
weil's mir bisher misslang,
mir eine anzulachen.
Das sind dann wohl so Sachen,
die ich so noch nicht kenne
und darum nicht benenne.

Doch muss das nichts bedeuten;
wenn mir einst Glocken läuten
vom Kirchturm, hoch, herab;
noch in dem kühlen Grab,
wenn ich dort dereinst liege,
wird es nicht anders sein,
ich schlaf vom Leben ein,
wobei ich es besiege.   (15.4.2001; 1:42)

Liebe, lieber Leser

Liebe, lieber Leser,
liegt
längs des Weges deines Lebens.
Lass' die Liebe lieber länger liegen,
lieber Leser;
länger lebt
gelass'ne Liebe.

Love, dear reader

Love, dear reader,
lies alongside
of the way of your life.
Let love better lie,
dear reader, longer.
Longer lives collected love.   (21.4.2001; 4:09)

Niemals hat...

Niemals hat, soweit ich weiß,
jemals wer, auf solche Weis',
so bescheiden und verkannt,
Zeilen auf's Papier gebannt.
Dies bedenkend mal' ich mir
Lorbeerkränze auf's Papier.

Never has...

Never has, as far as I know,
ever someone in such a way,
so modest and misunderstood
on the paper banished lines.
Aware of this I sketch for myself
laurel wreaths on the paper.   (21.4.2001; 4:20)

In stiller Kammer

Wenn, in meiner stillen Kammer,
ich mich an mein Weinglas klammer
und bedenke, wie allein
wäre ich jetzt ohne Wein,
schließ' ich draus,
das wär' ein Jammer.

When within...

When, within my silent chamber,
I cling to my glass of whine
and think over, how alone
I now would be without whine,
I conclude, that would be a pity.
                                    (22.4.2001; 14:14)

Nicht Babylon

Mitternacht war lang vergangen,
in stiller Ruhe lag Erlangen.
Nur drunten noch, im E-Werk drinnen,
da tanzten die Er- und Sielangerinnen.

Die Bergkirchweih ist nun vorbei,
den Tänzern ist das einerlei.
Sie rocken und grooven zu jedem Lied,
ob's Pop, ob's Rock oder harter Beat.
                                    (21.6.2000)

The First of May

It is the first of May,
what will I do today?
Well, I could walk around
or listen to the sound
of my old radio.

And I could ride my bike,
I could do what I like.
Or I might read a book,
have for my friends a look
or stay at home alone.

The „day of work" is free
of any work for me.
We celebrate the first of May
In slightly an illogical way,
which is alright for me.   (1. Mai 2001; 2:04)

Walpurgisnacht

Es ist Walpurgisnacht,
die Bäume wippen sacht'
im sanften Nachtwind hin
und her, die Hexen aber ziehn
zum Blocksberg auf dem Besen,
wie's immer schon gewesen.

In dieser Nacht beginnt der Mai
und viele Menschen haben frei.
Sie feiern mit und ohne Besen,
man kann das in der Zeitung lesen,
die heute oder morgen
berichtet von den Sorgen,
die extrem Rechte und Linke
der Polizei bereiten,
wenn sie auf Demos streiten,
die jeden 1. Mai begleiten,
da er der Tag der Arbeit ist,
wo man die Arbeit gern vergisst,
es sei denn, man ist Polizist.

Der Gewerkschaftsfeiertag
ist für ihn kein freier Tag.
Er steht zwischen den Fronten
gewaltbereiter Demonstranten...

(1. Mai 2001; 2:37)

Außen hui...

Nach außen sind wir schöner Schein,
im Innern aber nur Gebein.
Wir Menschen sind nun mal so eine Sippe,
von Haut und Fleisch umgebener Gerippe.

Könnt' man da durch hindurch den Knochenmann
erkennen,
man würd' uns kaum noch Freund und Bruder
nennen,
Freundin auch nicht und Schwester,
nein, mein Bester!

Der Todeszustand ist in unserm Innern schon
bestimmt
und wenn man's nicht lakonisch nimmt,
müsst' man vor Ahnung Trübsal blasen:
heute noch dichten, morgen liegen unterm Rasen.

Doch Halt! Die Zukunft ist nicht das, was zählt
und es fährt besser, wer die Gegenwart sich wählt,
denn nur in dieser kann von Tag zu Tag man leben
und an dem eignen Lebensbändchen weben.

Wer das versteht,
braucht keine Angst vor morgen
und kann, getrost, von Gott
sich etwas Ew'keit borgen.

(4. Mai 2001; 1:56)

Gar nicht eitel

Eitelkeit ist meine Sache nicht;
schaut man mich an, bei klarem Licht,
so sieht man ja sofort,
ich bin mit einem Wort
ein ungewöhnlich schlichter
doch hochbegnadeter Dichter.

(4. Mai 2001; 2:26)

Ich glaub' nicht an Gespenster

Es klopft ein Geist ans Fenster –
ich glaub' nicht an Gespenster.
Da steht ein Gerippe im Garten –
das kann noch lange warten.
Nun kommt ein Vampir geflogen,
das ist bestimmt gelogen.

Gespenst, Vampir und Knochenmann
starr'n mich nun schon seit Wochen an,
doch ich bleib' unbeeindruckt.
Wenn man mal mein Gereim' druckt,

dann wird man sehr erstaunen,
wie ich trotz Geisterraunen
kein Jota weich' von meinem Pfad:
fand stets schon Gruselfilme fad!

(3.6.2001; 0:56)

Was ich mir wünsche...

Was würd' ich geben
für ein schönes Leben? –
Mit einer Frau zur Seite,
die nicht gleich sucht das Weite,
mit reichlich Geld, um gut zu schlafen
ohne das Zähl'n von tausend Schafen,
mit etwas Glück auch im Beruf
und ohne Bauch – wie Gott mich schuf.

Als Redakteur bei einem Sender,
über dem Schrank ein Achtzehnender;
paar gute Bücher beim Verlag
und viel Applaus, wenn ich was sag,
'ner kleinen Rolle in 'nem Streifen,
doch nie mehr springen durch den Reifen;

Als Schauspieler zu sehn im „Ersten"
und Neider, die vor Neid fast bersten...
Was würd' ich geben, darf ich fragen,
für 'nen Chauffeur mit Nobelwagen,
dazu auch niemals leeren Magen?
Was würd' ich geben, sag es mir!
-    Ich bin nun mal Sternzeichen „**Stier**"!

(10.6.2001; 0:05)

Altes Ostergedicht

Hast du den Osterhas' gesehn?
sahst auch ihn dort im Grase stehn,
ihn hoppelnd zwischen Tau und Blättern,
bepackt mit seiner großen Last,
durch Busch, Strauch oder Staude klettern?
Warst wirklich auch du Zeuge, ja,
wie er mit Eifer und Bedacht
hub an zu legen dort und da
die Eier, welche bunt gemacht?
Wenn dies tatsächlich so geschah,
dann sage bitte doch, Mama,
wo hat zu morgenfrühen Zeiten
er all die schönen Köstlichkeiten
denn eigentlich nur hingetan,
da ich partout nichts finden kann?

Ungereimtes

Vorwiegend unsinnige Texte und
ein philosophischer

Der Mitklatscher

Er war ein Mitklatscher und ist das – seines Wissens – immer schon gewesen. Für wen nicht alles hatte er bereits die kraftvollen Arme geregt, unermüdlich Lärm geschlagen? – Er wusste es nicht; wie sollte er auch? Hätte er das gewusst, in jedem Falle, wäre er dann überhaupt ein Mitklatscher zu nennen? Sicherlich nicht. Mitklatscher zeichnet ja gerade der Umstand aus, keine Ahnung davon zu haben, welcher Sache sie ihre vorgetäuschte Begeisterung leihen.

Doch ihre Anzahl war nicht unbedeutend, im Gegenteil stellten sie eine gewichtige Partei im Publikum. Sie machten noch die leiseste Andeutung einer zustimmenden Handbewegung eines Mitgliedes des Kreises der meinungsführenden intelligenten Minderheit aus, um sie dann je nach Situation und Mehrheitsbeschluss zum rauschenden Applaus zu steigern oder durch einige wenige wohlberechnete Handschlagungen zum frühzeitigen, desto peinlicheren Absterben niederzuhalten.

Freilich gibt es verschiedene Typen von Mitklatschern, ging es unserem Mitklatscher durch den Kopf, denn es sind seine Gedanken, die wir gerade mitverfolgen dürfen, während er bei irgendeinem Konzert oder Theaterstück eines seiner Dauerabonnements seinem kräftezehrenden Dienst obliegt. Der eine Typus hängt, so wie er selbst, seinen ziellos sich zerstreuenden Gedankenfetzen nach, gänzlich der Intelligenz und Selbstkontrolle ermangelnd, aufmerksam die jeweilige Darbietung zu verfolgen und kritisch zu bewerten. Dieser Zuschauerschlag wirft sich gewöhnlich, nachdem er sich glücklich und unter hohen selbstüberwindenden Anstrengungen aus der häuslichen Sprach- und Leblosigkeit freigewunden hat – diese regelmäßige Überwindung ist ja womöglich der Hauptgrund dafür, dass er meist Abonnementbesitzer ist: „... schon, um die Karte nicht verfallen zu lassen, muss ich hingehen." – voller ehrlichen Dranges wirft sich dieser Mitklatscherschlag auf die Darbietung, bemüht, sie zu begreifen, zu analysieren, gleitet jedoch stets wieder ab, überwältigt von der unverstandenen Fülle unerhörter Informationen und Neuigkeiten, sobald er nur einen mageren Gedanken erstritten zu haben vermeint, um ihn heißhungrig zwischen den Kiefern zu fassen, zu zerreißen und zu durchleuchten, in eine dunkle Schädelecke zu schleifen, wo man sich unbeobachtet fühlen kann. Dort versucht man dann, die letzte Weisheit aus dem Lumpen zu saugen und lässt erst ab, wenn nichts mehr zum Saugen bleibt oder einen das Klatschen des Nebensitzenden auf den Klappsitz im 3. oder 4. Rang, den Stuhl in der 10. oder 20. Reihe zurückruft, einem bedeutend, dass man wieder eine brillante Pointe verschlafen hat, da man erst jetzt ins Beifallen einfällt. Das ist die eine Gruppe von Beiklatschern; die andere jedoch ist diejenige, welche die aufmerksamen

78

Beobachter umfasst, die feinfühlig jede Regung einer Gunst- und Ungunstbezeugung im Zuschauerraum, mit ausgestreckten Fühlern witternd, verarbeiten und auf den Grad ihrer anzunehmenden Brauchbarkeit für ein größer angelegtes, meinungskundgebendes Publikumsverhalten auszuwerten.

Das erfordert viel Fingerspitzengefühl: Entschließt sich ein solcher meinungsforschender Mitklatscher, etwa nach Beobachtung des spöttisch abwertenden Grinsens eines Intelligenzlers bezüglich einem anscheinend unzureichenden dramatischen Vorkommnis, dieses Zeichen durch ein geringschätziges Auflachen zu einer allgemeinen Abrechnung mit den Darstellern hochzustilisieren, stößt jedoch nicht auf zustimmende Reaktion der Intelligenzen oder der übrigen Haupt- und Nebenklatscher, so steht er blamiert, als einziger Unsachverständiger da, gebrandmarkt durch sein rüpelhaftes, höchst unpassend vorgebrachtes Lautsignal, während der schuldige Grinser dezent die Hand vor den Mund führte, wenn er nicht überhaupt über etwas ganz Entferntes amüsiert gewesen war. Erkennt der sensitive Prüfer jedoch die Gunst der Stunde und nimmt er die „richtigen" Erschütterungen wahr, die einen Lach- oder Klatscherfolg anführen, so kann er sich unter Umständen bei seinen Anhängern, dem Stimmvolk der Sekundär- und Terziärklatscher einen Achtungserfolg erringen und womöglich gar bei den nächstsitzenden, verblüfften Intelligenzlern sein

Image aufbessern, indem er rechtzeitig die Position des Leithammels einnimmt, den wahren Erkennern der Situation vorwegnimmt, sich zum Führer der Meinungsmacher aufschwingt, für eine notwendig kurze Regierungszeit.

Während er dies alles bedenkt, arbeiten die trainierten Arme des Mitklatschers unermüdlich für den „Sieg". Freilich, seine geistigen Kräfte sind recht sparsam bemessen, kaum wird es ihm je gelingen, einen wirklichen Knüller tatsächlich selbst zu erkennen, oder auch nur dessen Reaktion in der Mimik eines Intelligenzlers abzulesen. Auch fehlt es ihm an Entschlusskraft und gewitzter Schnelligkeit, sich zum Federführer zu machen. Sein Lachen oder Klatschen in 3. Instanz wird ihm nie den Ruch erlesener humanistischer Bildung bescheren. Seine Erfolge sind klein; klein dagegen auch ist sein Risiko. Er ist zum Kleinaktionär verdammt, wie es scheint auf Lebzeit. Höchstens, dass er einmal einen Tagessieg erschleicht, indem er nach dem Ende einer Darbietung in die Anstandssekunde, die man dem verhallenden Schlusswort einräumt, mit kraftvollem Anschlag die Stille durchschneidet, wohlwissend, dass nun alle, ohne Ansehen ihrer sonstigen Funktionen, gezwungen sind, ihm, dem Vorklatscher, nach zu klatschen. Doch diese Idee war offensichtlich bereits anderen gekommen, was zur Folge hatte, dass die Anstandssekunde mehr und mehr verkürzt und bald ganz abgeschafft wurde.

Während unser Mann noch überlegt, was es ist, worüber so eifrig der Handarbeit gepflogen wird, ein guter Witz etwa, oder auch nur das Missgeschick eines beliebten und daher zumtrostzuklatschenden Schauspielers, bemerkt er, dass die große Deckenbeleuchtung die Ränge zu erhellen anhebt; d.h. entweder große Pause oder großes Finale. Ein Blick auf das strahlend-protzende Gehabe eines anerkannten Primärmitklatschers – des entfernten Cousins eines bekannten Stadtrates, wie hieß der doch gleich... – versicherte ihm, dass es großes Finale galt. Nun hieß es vor allem: Kräfte einteilen! Die schwachen, mehr optisch als akustisch wirksamen Handreichungen wurden den Nebenrollen hingestreut; die kräftigen, sonoren Schläge mit hohler Hand jedoch, wurden für jene Akteure aufgespart, deren Gesichter man vom Fernsehen her kannte und die meist in der Mitte der Verbeugungsketten standen. Selbst hier konnte man sich noch Achtung verschaffen, wenn man es verstand, langanhaltend und lautkräftig zu arbeiten.

Der Mitklatscher hasste alle Intervallklatscher, die bei Nebenrollen einfach ausruhten und die Kräfte für die Heldendarsteller völlig aufsparten. Wo käme man da hin, wenn das alle machten? Auch Komparsen haben schließlich ein Anrecht auf Belohnung ihrer Mühen, genau wie er selbst sein Maß an Anerkennung brauchte, dass er durch Ausdauer, Kraft und begeistertes Aufspringen bei den Umsitzenden zu erwerben hoffte. Daher verabscheute er noch mehr die Frühabbrecher und Überhauptnichtklatscher: Ist es nicht schamlos, einfach in überzogener Selbstsucht, und nur um das Gedränge an der Garderobe zu vermeiden, frühzeitig zu desertieren, Desinteresse zu bekunden und sowohl die Schauspieler, als auch die Kraftklatscher um ihr Erfolgserlebnis zu betrügen? Durch vermehrte Anstrengung glaubt der Mitklatscher jedoch, wieder einmal diesen Mangel an Klatschvolumen „weggeschlagen" zu haben.

Nun sind auch die umgebenen Arme krampfgelähmt, der Applaus findet sein jähes Ende, der Vorhang schwingt ein letztes Mal vor den hoffnungsvoll blickenden Artisten zusammen und er, der Mitklatscher ist es, der in der gelichteten Rangreihe, zusammen mit einigen glatzköpfigen Intelligenzlern im Parkett, welches ja bekanntlich der Garderobe am bequem-nächsten liegt, die letzten schlagenden Akkorde setzt. Das war lohnende Arbeit!

Zufrieden reibt er sich die wehen Arme, der wöchentliche Besuch im Fitness-Center schien sich nun doch voll zu amortisieren.

Beim Hinausschieben kommt ihm ein abgelegtes Programmheft in die Finger; „... na, woll´n doch mal sehen, was sie heute eigentlich gegeben haben!"

Füllfederhalter und Geigenkasten

Von einem großen und einem kleinen Behälter möchte ich hier notieren. Der eine umschließt ein Instrument, das Töne entlässt, der andere gibt Farbe, meist blaue, ab, mit der Geschichten und Gedichte, aber auch trocken-alltagsnötige Formalien aus Schrift entstehen können. Der Füllfederhalter birgt ein oder zwei Flüssigkeitspatronen oder einen Tank, der durch Drehung vollgepumpt wird. Wie vieles ist dagegen im Geigenkasten als Inhalt vorgesehen. Außer natürlich dem Instrument selbst, finden sich da die Halterungen für einen oder mehrere Geigenbögen, Kinn- und Schulterstütze, ein Klappfach im oberen dünnen Teil der Geigentruhe enthält den ebenholzschwarzen Schmierstein mit durch Benutzung eingetiefter Kerbe, das vierrohrig gegeneinander versetzt zusammen gebaute Blasstimmungsinstrument, eine Stimmgabel, ein Poliertuch, eingetütete Ersatzsaiten und vielleicht noch dies und das. Manchmal ist jedoch nur ein Schnellfeuergewehr oder eine abgesägte Flinte in so einem Geigenkasten verstaut, um so Harmlosigkeit und Gutmütigkeit vor zu blenden. Der Füllfederhalter wird dagegen nur von James Bond als Schußwaffe missgegriffen. Das heißt, wenn man Tintenspritzer nicht als Angriff auf Leib und Leben deuten mag. Als Spritzwaffe, nämlich, habe ich selbst schon gelegentlich einen Füller benützt.

Wie vornehm wirkt doch derjenige, wer mit Geigenkasten an der Hand die Straße entlanggeht oder in den Bus steigt; weist sich als Kulturmensch und Künstlernatur aus (oder eben als Schüler, dem höhere Gewalten - Lehrer, Eltern - dies Werkzeug an die Hand gaben). Führt dieser Mensch dann gar einen metallisch blinkenden oder mattschwarzen Füllfederhalter in der rechten, wohl gar erst in der linken Hand oder trägt ihn dezent sichtbar in einer seiner Kleidertaschen, so muss ihn jeder denkende Mitmensch für einen Schaffenden, einen Komponisten oder Studenten der Musikwissenschaften halten.

Ich besitze keinen Geigenkasten, leider, sehr wohl einige Füllfederhalter, mein bevorzugtes Schreibwerkzeug, trage meist einen mit mir herum. Dagegen kenne ich Besitzer von Geigenkästen. Solche Bekanntschaften soll man sich warm erhalten. Gschmarri. Irgendwie muss ich ja nun die ganz offensichtliche Kluft zwischen Füller und Geigenkasten zu überbrücken trachten, wenn ich mich nicht dem Vorwurf unsinniger Motivwahl aussetzen will. Was haben diese beiden Dinge denn also außer ihrer Behältereigenschaft noch gemein, was könnte sich zwischen ihnen an Begebenheiten abspielen, sie verbündet, verwandt oder verschwägert zeigen, wo sind Berührungspunkte, Schnittmengen, Verhältnisgleichungen? Es interessiert sicherlich keinen, wie viele Füllfederhalter etwa in einen Geigenkasten hineinpassen. Benutzte der große Geiger und Komponist Paganini wohl schon Füllfederhalter oder nur ungehaltene, füllungsarme Naturfedern zum Komponieren?

Baute Stradivari auch so berühmte Geigenkästen, wie Violinen oder bezog er sie fremd? Aber was hat Stradivari wiederum mit Füllern zu schaffen? Könnte man sich eine Geschichte, ein Märchen vielleicht, vorstellen, in welchem die Helden Füllfederhalter und Geigenkasten heißen, eine Parabel oder Fabel? Für welche menschlichen Neigungen oder Eigenarten könnte man sie hinstellen?

Ehrlich, mir fällt dazu nichts ein. Vielleicht so: Einmal wollte der Geigenkasten eine Annonce in der Zeitung aufgeben, er bat daher einen befreundeten Füllfederhalter beim Aufsetzen des Textes zu helfen. Der lautete etwa: „Alleinstehender, geräumiger, gutaussehender Geigenkasten im besten Kastenalter sucht zwecks gemeinsamer Ausflüge sympathische, musikalische Violine, gerne auch Stradivari, zukünftige dauerhafte Verbindung möglich, nur ernstgemeinte Zuschriften bitte unter Chiffre etc..." „Meinst du, das könnte Erfolg haben", fragte der Kasten den Füller, „Warum nicht?" schrieb der Füllfederhalter, „wie viele Geigen sehnen sich nicht nach einem schmucken Kasten, wünschen sich ein Leben in Geborgenheit, du hast die günstigsten Aussichten!" Doch der arme Füller schrieb nicht, wie sehr er selbst schon lange den Geigenkasten verehrte, wie sehr er hoffte endlich von ihm beachtet und geliebt zu werden... Nein, das wäre geschmacklos, so geht es nicht.

Wie wär's mit einem philosophischen Gespräch zwischen Kasten und Federhalter? Über ein Thema, das beide irgendwie angeht, Violinenliteratur, ...?... ach, nein.

Eine tragische Liebesgeschichte: Füller schreibt einen romantischen Verehrerbrief an Geigenkasten, dieser verschlingt beide, Brief und Autor ohne ein Wort, auf einen Happs und man hörte nie wieder etwas vom unglückseligen Füller.

Oder bleiben wir doch im menschlichen Bereich, ein Mann der (Füll-)Feder verliebt sich in ein zierliches, niedliches und eigentümliches Persönchen, eine Violinspielerin. Er schreibt ihr Briefe, ohne sie abzuschicken, widmet ihr Gedichte und erwähnt sie in Geschichten, aber stets so verschlüsselt, dass man die Hinweise übersehen muss, er sieht sie jeden Dienstag, wenn sie mit ihrem Geigenkasten zum Unterricht geht, in das dem seinen gegenüberliegende Haus hinein verschwinden. Sie bemerkt natürlich überhaupt nichts von seinen Neigungen und so heiraten sie erst Jahre später. Sie wird eine berühmte Violinistin, er ein beachteter Schriftsteller, sie geht nie ohne ihren Geigenkasten zur Arbeit, er schreibt mit seinem Füllfederhalter Geschichten, Gedichte, wohl gar Romane und sie lebten glücklich bis ans Happy-End. - So könnte man es schon machen, aber der erhellende Zusammenhang fehlt ein wenig. Was stört das andererseits? Füllfederhaltern traut man nicht viel Eigenständigkeit zu, als Helden taugen sie nur wenig. Für Geigenkästen gilt sehr Ähnliches; und zusammen passen diese beiden auch überhaupt nicht und deswegen kann ich nur mehrmals um Vergebung bitten, wenn ich sie von etwas Wichtigem abgehalten habe.

Das Geständnis von El Paso
oder
Der Grand Prix der Volksmusik
5.10.1997 und Abschrift am 14./15.11.2003
mit kleinen Korrekturen und Ergänzungen

Wer die richtige Entscheidung trifft, hat sich danach zu richten, könnte man meinen. Doch ist es nicht immer so einfach! Immerhin sind sich alle einig, dass ein paar sinnlos verplauderte Worte mehr anrichten als ausrichten können, oder anders gesagt, weniger ist manchmal eben ohnedies. Als neulich ein Reiter durchs Tal der Kreuzottern ritt, hatte er nur noch ein Paar Schuhe und einen halbvollen Patronengurt bei sich. Sein Gewehr und seinen Colt hatte er bei der letzten Pokerpartie in Sillynoise-City für 25 Dollars und 38 Cent versetzt und verspielt. Nun war er schutzlos den Nattern, Kreuz- und Fischottern ausgeliefert. Da kam ein frommer Jägersmann des Weges daher. Er hatte sich auf der A8 Richtung Freimann in die falsche Spur eingeordnet und war dann über Greding und Tirschenreuth nach El Paso und von dort über die Umgehungsstraße U42 nach Catweasle-Corner gelangt. Nun kannte er sich nicht mehr aus. Er zog den grünen Jagerhut mit dem feschen Gamsbart, reckte den rechten Arm, mit dem Hut winkend, in die Höhe und rief in einem schlechten, bayrisch angehauchten Englisch: „Wär ar se resalts of si inglisch dschuri?" Der erste Reiter begriff sofort, dass es um Leben und Tod für ihn ging.

Die Entscheidung war rasch getroffen: Leben! Er riss sich den Patronengurt von der Schulter, zog und legte an. Aber er war in der Schule noch nie besonders gut im Weitwurf gewesen, das wusste er nur zu gut. Außerdem waren Patronen, wenn man sie bloß warf, nicht schoss - und Gewehr und Colt hatte er ja keine mehr - nicht ausgesprochen wirkungsvoll. „Was willst du, Greenhorn?" fragte er daher lieber den Jäger, als dass er sich in einen Streit eingelassen hätte, in dem er der Unterlegene gewesen wäre. Denn der Jäger hatte eine schmucke Silberbüchse mit ausgesuchten Lebkuchen und Weihnachtsplätzchen bei sich.

Das wäre die Rettung! Die Kreuzottern hingen ihm sowieso schon langsam zum Halse heraus - und seit bei der letzten Canyonbiegung auch noch das Heinz-Ketchup ausging, waren sie ohnedies kaum mehr genießbar. „Guter Mann, wie schön, dass Sie meine Sprache verstehen...", sprach der Förster, stutzte dann aber, fragend: „aber woher wissen Sie, dass es meine Sprache ist?" „Das riecht ja ein Blinder mit `nem Hörgerät, dass Sie aus Ober-haching kommen!" Der alte Westmann kannte sich aus in der Welt. Es machte ihm so leicht niemand etwas vor. „Donnerwetter", war der Waidmann beeindruckt, „ich muss doch noch mal einen Kurs an der Volkshochschule besuchen, wenn man so leicht meinen Akzent zu erraten und mein eigentliches Idiom zu ermitteln imstande ist." „Machen Sie sich nichts draus, ich habe schon ganz andere Fälle gelöst, neulich erst in London-City..., aber: ich habe mich Ihnen ja noch gar nicht vorgestellt. Professor Higgins, mein Name, Sprachforscher, Stimmeninterpret und Musicalstar von Weltgeltung!"

„Angenehm, Bond; James Bond, Bayrischer Secret Service. Ich bin in geheimer Mission gegen die Russenmafia unterwegs. Gerade im Moment jage ich Goldmariechen, aber das ist ja geheim, eigentlich, vergessen Sie's wieder, wenn's recht und wenn's möglich ist. Ich kann Ihnen sagen, das war verdammt schwer- diesen Oberhachinger Touch in mein Englisch zu bekommen, denn eigentlich bin ich Sachse, wie alle weißen Blutsbrüder im Wilden Westen. Die Förster-kleidung gehört mit zu meiner Undercover-Tarnung."

Sie schüttelten einander die Hände, schlossen Blutsbrüderschaft und ritten gemeinsam in die versinkende Abendsonne. Als sie dort ankamen, war es jedoch verdammt heiß. Also kehrten sie um und ritten in den Mond. Dort trafen sie den kleinen Hävelmann und konnten nun endlich zusammen Skat spielen. Aber der kleine Hävelmann mogelte. Als sie ihn gerade zu Rede stellen und anschließend erhängen wollten, wurde es plötzlich Neumond. Sogleich waren alle drei auf Nicht-mehrwiederfinden verschwunden.

Der Schweizerhäuptling und das Kamel, das ein Star werden wollte

undatiertes Frühwerk-Fragment des späten 20.sten Jh. in ausführlicher
Neu- und Umbearbeitung vom 15.11.2003

In einem verschneiten Tal in der Südschweiz, um die Mitte des vorigen Jahrhunderts, spielte sich eine kleine Begebenheit ab, die zu erzählen ich mich nunmehr bemüslit fühle, da sie mich zwar nicht so sehr bewegte, jedoch in jeder Hinsicht von historischer Relevanz war.

Es ging also in der Mittagszeit ein Häuptling der Schweizer zur Filiale seiner Bank und erbat sich einen Schnellkredit. Er bekam diesen unter dem Beding, dass er seine Kuh Katharina und seinen Motorroller als Pfand hinterlege.

Er stimmte knirschenden Zahnes zu und das Geschäft war abgemacht. Daraufhin nahm er das Geld und begab sich in die auch damals schon einige Tagesreisen von der Schweiz entfernte Wüste Gobi. Er ritt dabei auf einem Kamel, das er dem Züricher Zoo entwendet hatte, indem er diesem vorschwindelte, es beim Chinesischen Staatszirkus als Trapezkünstler ganz groß rauszubringen. Das Kamel träumte bereits von Ruhm, Geld und kreischenden Fans, als es plötzlich mitten in der Weg- und Steglosigkeit, Dürre und Sonnenglut der Gobi, der Zweifel zu benagen begann. „Du willst doch bloß das sagenhafte Shamballa entdecken; und ich darf dich, kostenlos und mit leeren

Versprechungen abgefertigt, dorthin tragen und notfalls lässt du mich verdurstend im Wüstensand zurück, um dich dann mit deinen, beim Reiten gesparten Kräften, in der nächsten Oase als neuer Marco Polo feiern zu lassen. - Und mit dem Chinesischen Staatszirkus is´ Essig!"

„Undankbares Trampeltier", belferte der Schweizerhäuptling zurück, „gerade noch wäre ich bereit gewesen, dich sogar zum Zirkusvizedirektor zu ernennen, aber du hast es ganz offensichtlich nicht verdient, einen Häuptling der Schweizer auf deinem höckrichten Rücken zu tragen."

„Wenn das so ist, mir auch recht", das Kamel sprach's und bockte mit einer so grazilen Plötzlichkeit, dass der Schweizer in beachtlichem Bogen in den Wüstensand plumpste. Daraufhin nahm dieser nun aber zornentbrannt sein Schwert zur Hand und haute dem Kamel die Nase aus der Visage.

„Au Weia", rief das Kamel, das ist Arabisch und heißt verdolmetscht: „Helf Gott!" Offensichtlich war diese Wendung für das arme Tier recht überraschend und peinlich. Ein alleingelassenes Dromedar auf der Wüstentour, das unversehens des Weges kam, sang, die ganze Bescherung ansichtig werdend: „Für Nasen geh' ich meilenweit!" Dann legte es dem Kamel aus dem Züricher Zoo das Vorderhuf auf die Wunde und heilte es mit einem geheimen Segensspruch, denn es war eines der seligen, gottgleichen Dromedare aus dem sagenumschwebten Shamballa und hatte wohl sicherlich noch mehr Tricks auf Lager. Der raffinierte Alpen-Häuptling wollte diesen Umstand für sich ausnutzen und bot dem Dromedar seinen gesamten Schnellkredit für die wohlgehüteten shambalaischen Geheimnisse. Doch das Dromedar, dem das geheilte, züricher Trampeltier, die Schlechtigkeit und Durchtriebenheit des Helvetiers auseinandersetzte, zog eine tibetanische Isomatte, die es auf dem Höcker getragen hatte, mit dem Maul herunter, breitete sie auf dem sandigen Boden aus und hieß das andere Kamel darauf Platz zu nehmen, legte sich dazu, sprach ein paar unverständliche shambalische Worte und sie erhoben sich und entschwebten schnell den Blicken, des nun völlig auf sich gestellten Gebirgsländers. Nach Tagen der Wüstentortour, fast verdurstet und ziemlich am Ende, langte er schließlich an der Philharmonie von Shenzen-Jüan-Li-Fen-Fong am Rande der Wüste an und nachdem man ihm etwas zur Erfrischung gegeben hatte, erzählte er dem Orchesterleiter sein Abenteuer. „Dolle Sache, das", schmunzelte darauf der Dirigent, „klingt fatamorganisatorisch-futuristisch-phantastisch, wusste gar nicht, dass Schweizer solche begabte Lügenmäulchen sein können." So, nun wäre es durchaus einzusehen, dass man in gewisser Hinsicht meinen könnte, der Schweizer wäre fernerhin bedient gewesen von Abenteuerurlauben a lá Marco Polo. Und tatsächlich, er zog sich auf ein Schloss in den

93

Rocky Mountains zurück, heiratete Dolly Dollar und gab zum Zeitvertreib das Frühwerk von Goldoni in vatikanischer, andorranischer, letzeburgischer und griechischer Übersetzung heraus. Was, aber, lernen wir hieraus: Griechisch ist eine Sprache, wie zwanzig andere auch.

Allerdings und die Wanderlumpe
21.4.2004 – 3. Mai 2011

Allerdings war ein Löffelschnitzer in Bagdad, zu der Zeit, als Sindbad noch die sieben Meere verunsicherte und Rotkäppchen noch nicht Bardame im „Gasthaus zum hungrigen Wolf" war.

Er konnte von seiner Löffelproduktion nur ein kärgliches Leben führen, weswegen er von einer Karriere als Teppichfluglehrer träumte. Doch fliegende Teppiche waren sehr teuer, für einen einfachen Löffelschnitzer nahezu unerschwinglich und er hätte doch einen Lehrteppich gebraucht, um seine Flugschüler ausbilden zu können. Dazu kam, dass er selbst noch keinen Teppichflugführerschein besaß, das Teppichfliegen also noch gar nicht unterrichten konnte. „Allerdings", sagte sich Allerdings, „träumen ist nicht verboten." und so träumte er weiter. Wer hätte aber gedacht, dass sich seine Träume bald erfüllen sollten, aber ganz anders, als er sich das je vorgestellt haben würde.

In der weiteren Umgebung von Bagdad trieb sich seit einiger Zeit eine Bande von Wanderlumpen herum, das sind räuberische Beduinen, die so untalentiert räuberten, dass sie meist von den zu Beraubenden selbst beraubt wurden, weswegen sie keine eigenen Dromedare mehr besaßen und daher zu Fuß gehen mussten, eben „wandern", daher der Name.

95

In ihrer Not, denn von irgendetwas müssen auch Wanderlumpe leben, näherten sie sich immer mehr der schon damals bedeutenden orientalischen Metropole Bagdad und trafen auf eine Suppenküche des Roten Halbmonds.

Herrlich stieg der Duft der nahrhaften Brühe in ihre Nasen, doch sie hatten keine Löffel dabei. Da kam allerdings Allerdings des Weges und rief seinen Marketingspruch vor sich hin: „Schöne, frische Holzlöffel aus eigener Produktion, erste Ware, einmalige Sonderpreisaktion: bei Abnahme von 12 Löffeln gibt's den 13. gratis!" Das wäre nun eine schöne Neuigkeit für unsere Wanderlumpe gewesen, waren sie doch genau dreizehn Mann. Doch wer erwartete von räuberischen Lumpen, dass sie sich über Preisnachlässe freuten? Sie wollten natürlich gar nichts zahlen! Doch das sollten die Leute vom Roten Halbmond freilich nicht spitz kriegen, denn von denen wollten sie ja auch was umsonst. Also wandte sich Allegro Forte, der Anführer der Wanderlumpe, freundlich lächelnd, soweit dies einem Lumpen, wie ihm, möglich war, an Allerdings und sprach ihn wie folgt an: „Edler Löffelhändler, wir sind sehr interessiert an ihrem Supersparpreis, denn sieh', wir sind genau dreizehn leidgeprüfte und hungrige Männer, die dringlich deiner Ware bedürfen. Lass' uns in eine Seitenstraße einbiegen, so werden wir allsogleich handelseinig werden. Doch Allerdings, der allerdings nicht auf den Kopf gefallen war, roch den Braten sofort, brauchte er doch nur die zwielichtigen Gestalten genauer zu betrachten, um zu erkennen, mit welcher Art von Gesellen er es hier zu tun hatte. Er sagte demnach: „Wenn ihr glaubt, dass ich so einfach den Löffel abgebe, damit ihr mir die Löffel abnehmen könnt, so habt ihr Euch gewaltig geschnitten. Man sieht Euch doch gleich von weitem an, dass ihr für das, was Ihr haben wollt, zu zahlen nicht bereit und imstande seid! Auch werde ich gewiss nicht mit Euch in eine Seitenstraße einbiegen, wo Ihr Euch unbeobachtet meiner Ware und meines Lebens bemächtigen könntet."

Der erfolglose Räuberhauptmann, dem sein leerer Magen letztlich doch als das vordringlichere Problem am Herzen lag, als seine ohnedies fragwürdige Verbrecherehre, der aber tatsächlich keinerlei Barschaft bei sich trug, um ehrlich die doch so nötigen Löffel zu erwerben, besann sich nicht lange, sondern erinnerte sich an ein Beutestück, einen alten Gebetsteppich, den seine Bande glücklich genug gewesen war, zu erringen, weil der Besitzer ihn unbeobachtet auf der Teppichklopfstange zurückgelassen hatte. Ihm lag ohnedies nichts an Gebetsteppichen, da er und die anderen Lumpen nicht übermäßig gläubig waren und die vorgeschriebenen Gebetszeiten nicht einhielten. Also sprach er, so als sei er sehr betroffen, für einen Haderlumpen gehalten worden zu sein: „Wohl haben wir nicht so viele

Golddublonen, wie der Kalif von Bagdad, aber sieh' hier diesen wertvollen, alten Teppich," er winkte hierbei einen seiner Angestellten, der das Beutestück bisher getragen hatte, herbei und nahm die Teppichrolle in die Hände „ein besseres Geschäft hast du wohl nie gemacht, einen ganzen Teppich für die Geringfügigkeit von 13 Löffeln? Ist das nicht nach deinem Geschmack?"

Allerdings machte große Augen; tatsächlich, einen Teppich hatte er bisher noch nicht im Tausch für seine Ware angeboten bekommen, und wie sehr hatte er sich einen gewünscht! Nun konnte er ja zwar nicht wissen, ob es auch ein fliegender Teppich war, aber womöglich konnte man mit den richtigen Zauberformeln auch einen normalen Teppich zu einem Fliegenden aufrüsten. „Es ist wahr", sagte er daher, „das scheint mir ein günstiger Tausch zu sein und deswegen bin ich sogar bereit, als Bonus noch 13 Gabeln drauf-zulegen, die ich als Handelsware vom ersten Gabelschnitzer am Platze beziehe. Abgemacht?"

„Abgemacht!" Der Wanderlumpenhauptmann rieb sich in Vorfreude auf die kräftige Suppe die Hände. Der Warentausch wurde sogleich vollzogen, die Räuber stellten sich bei der Suppenküche an und Allerdings begab sich mit dem Gebetsteppich an den Stadtrand, um unbeobachtet die erhoffte Flug-fähigkeit testen zu können. Er breitete die Auslegware auf dem sandigen Boden aus und setzte sich darauf. Zuerst betete er zu Allah, weil er doch befürchtete, dass der Teppich nicht auf ehrliche Weise in den Besitz der Wanderlumpe gelangt sein könnte. Er hoffte den Schöpfer dadurch milde stimmen zu können. Als das Gebet beendet war, setzte er sich aufrecht hin und sprach salbungsvoll, indem er die Arme leicht anhob: „Erhebe Dich, fliege mit mir empor!" „Wohin?" fragte eine Stimme, wie er noch nie eine gehört hatte, tief und geisterhaft.

„Wer spricht da?" entfuhr es Allerdings. „Das könnte genauso gut ich fragen", sagte die Stimme, „aber schön, ich bin der Geist des Teppichs. Aber du, du bist nicht mein Herr, der Meister der südlichen Steppen Hadschi Uri Bin Geller, der große Zauberer und Löffelverbieger." Das Wort „Löffelverbieger" durchzuckte Allerdings wie ein Schwertstoß, was, wenn der rechtmäßige Teppicheigner seine Löffel via Fernmagie verhexen würde und er keine einwandfreie Ware mehr liefern könnte? Er verdrängte den Gedanken vorerst, da ihn etwas anderes interessierte: „Sag, ehrwürdiger Geist des Teppichs, den ich übrigens ehrlich und in gutem Glauben erworben habe, wie kommt es, dass du nicht in einer Flasche oder Öllampe steckst, wie man sonst gehört hat, sondern in einem Teppich? Und – kannst du denn dann auch Wünsche erfüllen, wie solch ein Flaschengeist? Kannst du, nur zum Beispiel, machen, dass dieser dein Teppich fliegen kann?" „Das will ich meinen, mein lieber Junge. Was deine erste Frage angeht, mein Meister Hadschi Uri ist ein weiser Magier, der mich aus einer Flasche befreite, in der ich seit Jahrhunderten gefangen war. Aus Dankbarkeit blieb ich bei ihm und diente ihm treu, er bot mir aber an, in diesen Teppich umzuziehen, da er sich seit langem einen fliegenden Teppich gewünscht hatte. Aber ein Teppich, der nicht nur fliegen, sondern auch noch Wünsche erfüllen kann, ist doch eigentlich noch viel praktischer, nicht wahr?"

„Da ist was dran", meinte Allerdings, „allerdings, wenn du deinem Herren so treu bist, wirst du dann auch mir dienen wollen, der ich doch immerhin nicht wissen konnte, dass ich gute Ware für einen geraubten Teppich gegeben habe?"

„Das ist freilich eine berechtigte Frage. Außerdem hast du mich ja auch aus keiner Flasche befreit. Im Teppich war ich ja nicht wirklich gefangen, sondern freiwillig eingezogen. Was z.B. würdest du dir denn überhaupt wünschen?"

„Ich würde gerne Teppichfluglehrer werden!" „Öha, das ist ein Problem. Du wünscht dir eine Fähigkeit, keine Sache, die man einfach her-zaubern könnte. Aber, warte mal, wie fändest du es, wenn ich mit dir zu meinem Meister fliege, damit ich ihm wieder treu dienen kann, und ihn bitte, dass er dir Teppichflugunterricht gibt? Er ist ein wahrer Lindberg auf dem Teppich! Und vielleicht bringt er dir auch das Löffelverbiegen bei?" „Das wäre wirklich eine schöne Sache", meinte Allerdings, er war bei diesen Worten allerdings weiß wie Kalk geworden, weil er wieder an seine Löffel denken musste und den befürchteten Fluch. Aber, wenn er mit dem Teppich freiwillig zurückkehrte, hätte ja der Magier keinen Grund mehr, ihn zu strafen. „Aber, ich kann ja noch gar nicht Teppichfliegen, wie soll ich dich zu deinem Meister lenken?" „Du vergisst, dass ich nicht einfach ein fliegender Teppich bin, sondern ein Wunschgeist in einem fliegenden Teppich. Ich kann also selber lenken und werde den Weg auch alleine finden, weil ich ja selbst am besten weiß, wo mein Meister wohnt. Also, woll'mers angehn?"

„In Ordnung, ich bin bereit." Und so erhob sich der Teppich mit Allerdings in die Höhe und ab ging die Post! Schneller als ein Sturmwind fegten sie über die Ebenen des Zweistromlandes in Richtung Süden zum Haus des großen Magiers Hadschi Uri Bin Geller in Basra. Nach anderthalb Stunden schwebten sie in den Innenhof des Magierhauses und setzten sanft auf dem Boden auf. „Da sind wir, mein junger Freund." sprach der Teppichgeist und kaum gesagt, kam es wie Rauch aus dem Teppichflor und aus dem Rauch bildete sich eine übermannsgroße schemenhafte Gestalt in altmodischem Gewand. Erstmals sah Allerdings nun den Geist selbst, mit dem er sich bisher nur via Teppich unterhalten hatte. „Ich werd' mal nach meinem Meister schauen, bin gleich wieder da, um dich ihm vorzustellen!" „Du, großer Geist, warte mal, was ist, wenn mich dein Meister für den Teppichdieb hält und aus Zorn verzaubert?" „Na, da bin ja ich auch noch da, um das zu verhindern oder rückgängig zu machen." und damit entschwebte der Geist ins Innere des Gebäudes.

Allerdings sah sich um. Es sah alles sehr wohlhabend aus. Anscheinend war Löffelverbiegen lukrativer als Löffelschnitzen, eigentlich seltsam: wer braucht schon verbogene Löffel? Es hatte wohl mit der Sensationslust der einfachen Leute zu tun; es gab einfach mehr Löffelproduzenten als Leute, die Löffel mit Gedankenkraft verformen konnten. Einen Moment lang überlegte er, ob es nicht besser wäre, den Augenblick des Alleinseins dazu zu nutzen, sich doch noch schnell fortzuschleichen, als bereits der Geist wiederkam, begleitet von einem würdigen, seltsam gekleideten Mann in mittleren Jahren. Dieser Mann war freilich kein anderer als Hadschi Uri Bin Geller, der weise Magier und Nekromant, Gebieter des Wunderlampengeistes vom Fliegenden Teppich und Meister des berührungslosen Löffelverbiegens.

Allerdings machte allerdings groß-staunende Augen, als er des Magiers und Verbiegers aller Löffel zwischen Euphrat und Tigris ansichtig wurde. Hadschi Uri Bin Geller war ein Mann von etwa fünfzig Jahren, doch eigentlich schien er alterslos zu sein. Auf dem Kopfe trug er einen Turban von edlem Seidenstoffe, der in allen nur erdenklichen Farben schimmerte und leuchtete.

Sein Gewand dagegen war aus lichtlosestem schwarzen Linnen gefertigt, der nicht einmal das hinschwindende Tageslicht zu reflektieren vermochte. Dagegen wiederum seine geschnörkelten Schuhe waren von so buntfarbiger Leuchtkraft, dass sie fast den Turban selbst überstrahlt hätten, wenn nicht der Turban durch seine schiere Größe, die Reichtum und gesellschaftliche Hoch-Stellung signalisierten, doch den Haupteindruck hinterlassen hätte. Eines indes, konnte allerdings nicht verfehlen, Allerdings in die Augen zu springen und das war der alabasterne Zauberstab des Meisters. Wenn ihm nicht die Angst um seine gesamte zukünftige Löffelproduktion im Nacken gesessen hätte, Allerdings wäre allsogleich der heiß-innige Wunsch in die Seele gefahren, bei diesem beispiellosen Musterbild eines Zaubermeisters und Teppichfluglehrers ein treu-ergebener, ehrerbietig-dienender Teppichfluglehrschüleranwärter zu werden. Allerdings fiel vor dem Teppichgeist und dem Magier in den Staub und sprach mit unterwürfiger Demut: „Hochwohllöblicher Meister und allgewaltiger Gebieter des wünscheerfüllenden Teppichs des zielgerichteten Fluges, sehr geschätzter Hadschi Bin Hadschi Uri Bin Geller vom verbogenen Löffel, mögest du ewig und gesund an Leib und Seele leben in dieser und in jener Welt, doch zunächst möchte ich deine Aufmerksamkeit lenken auf jenen unwürdigen Wurm, der momentan hier im Staube vor dir liegt und schmachtet und hofft, du mögest ihm nicht zürnen darob, dass er, besagter Wurm, also ich, deinen wunschkräftigen Flugteppich käuflich und in gutem Glauben erworben habe, um damit womöglich eine Flugteppichschule zu errichten und selber als gut bestallter Flugtepptichlehrer fernerhin zu wirken. Wie auch konnte ich wissen, dass besagter Teppich dir unrechtmäßig entwendet worden ist, weswegen, nach Bürgerlichem Gesetzbuch, niemand, sei er, wer er wolle, selbsten der Kalif von Bagdad, ein Eigentum daran erwerben könne? - Nun habe ich aber, in Absprache mit dem ehrwürdigen Geist des flugbereiten Wunschteppichs, vereinbart und besprochen, dass ich mit ihm inklusive seinem Teppich zu seinem rechtmäßigen Besitzer, also Euch, wolle zurückfliegen und möchte ich noch den einzigen Wunsch anbringen, den ich bereits dem edlen Geiste des Teppichs anvertraut, dass mir die Fähigkeit des Teppichluglehrerdiploms angelernt werden möge, wenn nur Ihr, großer Magier, nicht meine Löffelproduktion verbiegen wollet, für und für."

Hadschi Uri Bin Geller machte nun gleichfalls große Augen, bei einem derartigen Redeschwall eines einfachen Löffehändlers von den Straßen Bagdads. „Mein guter Junge", sprach daher begütigend der Weise, „gerne will ich dich, zum Danke dafür, dass du mir meinen lieben Teppich samt seinem wundertätigen Geist zurückerstattet hast, eine Teppichfluglehrerschulung angedeihen lassen. Mehr noch, bin ich bereit, dir obendazu eine Ausbildung zum staatlich diplomierten Zaubermagister und Löffelverformer anzubieten, wenn dir das zusagt. Denn es sind wohl nur wenige sodermaßen ehrliche Finder zu finden auf dieser schönen, bunten Welt, die einen so wertvollen Teppich, samt Wunschgeist zurückgebracht hätten. Sei also mein Schüler, wenn es dir beliebt!"

„Oh, wie nur allzu gern, großer Meister, ganz der Ihrige!" Und so begann die Lehrzeit des Löffel-schnitzers und -händlers Allerdings aus Bagdad beim Weltweisen und Wundertäter Hadschi Uri Bin Geller in Basra. Wie diese Lehre und Schulung Allerdings allerdings noch würde helfen sollen, um späterhin mit den rauen und groben Wanderlumpen fertig zu werden, die sich natürlich betrogen worden fühlen werden sollten, als ruchbar wurde, dass Allerdings vermittels des ihnen abgekauften Teppichs zum vermögenden Mann und wunder-fähigen Zaubermeister aufgestiegen worden werden sein sollen würde, das versteht sich von selbst und versteht auch jeder, der sich mit der Handlungs- und Spannungsbogenmechanik von uralten Märchen und neuzeitlichen Kriminal-geschichten, Seifendaueropern und amerikanisch-schickalslastigen Hollywood-Spielfilm-Schmon-zetten auch nur einigermaßen auszukennen die Neigung und Befähigung haben sollte und können dürfte, wollen zu müssen.

Allerdings, indes, hatte schon nach nur wenigen Monden die Kenntnisse, Tricks, Kniffe und

Handhabe erworben, die benötigt erscheinen, um unblutig Jungfrauen zu zersägen, Hasen aus Zylindern und Geister aus Lampen, Flaschen und Auslegware zu befreien, Löffel, Gabeln, Scheren und Sicherheitsnadeln durch Telepathie zu verbiegen und kaputte Sanduhren wieder zum Zeitverrieseln zu bewegen. Außerdem erlernte er das Teppichfliegen und brachte es bis zum Teppichfluglehrerdiplom mit eigener Teppichfluglehrschule. Dort kamen eines undenkwürdigen Tages schließlich auch die verworfenen, unehrlichen, unehrenhaften und vom Erfolg nicht gerade verfolgten Wanderlumpe vorbei. Und sie staunten nicht schlecht, als sie den kleinen, unscheinbaren Löffelschnitzer aus Bagdad nun als Geschäftsmann und geschäftigen Lehrmeister der fliegenden Teppichlenkkünste wiedertrafen.

Allegro Forte erkannte sofort, dass diese wundersame Wandlung und Karriereleitererklimmung nur mit dem von ihm vorschnell so unüberlegt billig eingetauschten Raubteppich zusammenhängen konnte, wenngleich ihm die ganzen Zusammenhänge nicht klar waren und sein konnten. Wusste er doch nichts von Meister Bin Geller und davon, dass der Teppich nicht einfach ein Flugteppich, sondern ein Wohnsitz des wundertätigen und wünscheerfüllenden Flaschengeistes und Freundes Bin Gellers gewesen war. Und Allegro fasste einen teuflischen Plan, der allerdings Allerdings nur bedingt gefährlich werden konnte, da Allegro Forte als einer der erfolglosesten Lumpe des ganzen Zweistromlandes freilich meist sehr dumme, teuflische Pläne fasste, die meist von herausragenden Misserfolgen verfolgt wurden. Allerdings war ja nun auch ein gewandter Zauberer, wenn auch, und das konnte ihm doch eine gewisse Gefährdung zutragen, er den Geist des Teppichs nicht mehr bei sich hatte, der wieder bei seinem Herrn, Freund und Meister in Basra war. Allerdings' Fluglehrteppiche waren nun nurmehr einfache Flugteppiche ohne Sonderzubehör und Zusatzfunktionen.

Allegro Forte setzte sein süßestes Lächeln auf und trat auf den Teppichfluglehrer Allerdings mit den gewählten Worten zu: „Oh vielgeschätzter Meister, wollest du mir und meinen bemitleidenswerten zwölf Kameraden die gnädige Güte besitzen, gleichfalls die Kunst des Flugteppichführens beizubringen, da wir doch keine Kamele, noch Pferde, nicht mal einen Esel besitzen, der oder die unsere Lasten zu tragen geeignet wären?"

Allerdings sah sofort, dass es mit den Lasten nicht weit her war, denn die Wanderlumpe besaßen nichts, als was sie auf dem Leibe trugen, auch war ihm ein gutes Gedächtnis eigen, weshalb er sich sehr wohl an die ehemaligen Tauschpartner erinnerte. Und wären die Wanderlumpe nicht ohnedies ein recht unerfreulicher Anblick gewesen, so hätte allerdings die Erinnerung an den Diebstahl des Flaschengeistteppichs ihn zu äußerster Vorsicht

107

gemahnt, was Verträge mit diesen tumben Gesellen betraf. Allerdings war allerdings klar, dass die Wanderlumpe die Flugstunden für dreizehn Mann ebensowenig bar bezahlen können würden wie den Ankauf von dreizehn Gebetsteppichen oder eines großen Wohnzimmerteppichs, der für den Transport von dreizehn Männern hinreichend wäre. So konnte Allegro Forte wohl nur eine neuerliche Schandtat im Sinne haben. Und so war es auch. Der Hauptmann der Wanderlumpe gedachte, mit einer oder zwei Flugstunden, natürlich ohne vorher zu bezahlen, die in seiner Meinung leichte Kunst des Teppichfluges zu erlernen und dann, bei einer günstigen Gelegenheit, Allerdings in den Tod zu stürzen und mit sämtlichen Lehrflugteppichen und samt seiner zwölf Lumpengesellen das nächstmögliche Weite zu suchen.

Allerdings wählte die Worte zu seiner Antwort ebenfalls sorgsam aus, indem er sagte: „Geschätzter Fremdling, gerne will ich Euch diese sagenhafte Kunst des Flugteppichführens nahe bringen, muss allerdings darauf hinweisen, dass vor dem Besteigen eines Schulflugteppichs zwingend eine Vollkaskohaftpflichversicherung im Hauptamt des Kalifatsrathauses von Bagdad einzurichten ist. Wenn Ihr die habt, kommt bitte wieder und dann werden wir weitersehen." Das war allerdings völliger Blödsinn, denn solch eine Versicherung war zu dieser Zeit noch lange nicht erfunden, wenn man mal davon absah, dass Allerdings das gerade getan hatte; aber Allerdings wollte erstmal Zeit gewinnen und die Wanderlumpe aus dem Konzept bringen. Tatsächlich blickte Allegro Forte verdutzt aus seiner schmutzigen Wäsche und rang nach Worten. Es war ja klar, dass eine Versicherung, noch dazu Vollkasko, ebenso unmöglich für ihn zu bezahlen war, wie der Teppichflugunterricht oder dreizehn Teppiche. Und so sagte er schließlich: „Oh, weiser Magister, was mag so eine Versicherung denn kosten? Unsere Mittel sind leider beschränkt und wir wollen es dir freilich auch noch entgelten, was du uns an Fertigkeiten vermitteln willst, wie sollen wir das alles bezahlen?" „Keine Sorge", antwortete Allerdings aufs Geratewohl, „die Versicherung muss erst mit dem Ende des Kalenderjahres bezahlt werden. Geht nur ins Amt und schließt die Versicherung ab." Das war natürlich wieder blanker Unfug; denn, es weiß doch jeder, dass Versicherungen immer im Voraus zu bezahlen sind. Allerdings wollte allerdings Zeit gewinnen, um gegen die Ränke der Haderlumpen Vorkehrungen zu treffen. Und sein Plan ging auf. Allegro Forte machte sich samt seiner vierschrötigen Kumpane auf den Weg zum Kalifatsrathaus und Allerdings blieb alleine bei seinem Flugschulstand zurück. In fliegender Eile wickelte er alle seine Teppiche bis auf den größten zu handlichen Rollen zusammen, legte sie auf den großen, packte auch die fertigen und halbfertigen Löffel und sein Schnitzwerkzeug dazu, setzte sich auf den beladenen Teppich, sprach ein kurzes

Gebet und eine Zauberformel und erhob sich flugs in die Höhe und lenkte seinen Teppich direkt zum Hause seines Meisters Hadschi Uri Bin Geller nach Basra, um diesen nach Rat zu fragen, wie mit den Wanderlumpen am besten zu verfahren sei, damit sie unschädlich zu machen wären. „Oh, großer Meister des Löffelverbiegens und Freund des Teppichgeistes, edler Hadschi Bin Geller, was soll ich tun, um den verworfenen Dieben deines Zaubergeistteppichs das Handwerk zu legen und um mich fürderhin sicher vor ihnen fühlen zu können?" „Tja, das ist allerdings die Frage, mein lieber Allerdings." entgegnete der große Zaubermeister seinem jungen Freund. „Am besten wird es sein, diese Wanderlumpen einen Schatz finden zu lassen, damit sie es nicht nötig haben, dich zu bestehlen oder dir etwas anzutun. Ich denke, mein Teppichgeist kennt genügend verborgene und vergessene Schätze im Zweistromland. Wir müssen es nur noch einrichten, dass die Lumpen nicht mitbekommen, was wir für sie arrangieren werden, dass sie den Schatz finden und heben können." „Das ist allerdings schwierig zu lösen", meinte Allerdings, „zunächst werden die Wanderlumpe bemerkt haben, dass die von mir erfundene Versicherung noch gar nicht existiert und daraufhin werden sie meinen Stand suchen und mir nachstellen. Außerdem kann ich ihnen schlecht selbst erzählen, wo ein Schatz auf sie wartet." „Lass' nur", entgegnete der Magier, „dazu befragen wir meinen Teppichgeist." Hadschi Uri

110

strich über seinen Flugteppich und rief den Geist hervor. „Weißt Du einen versteckten Schatz in der Nähe von Bagdad, mein Guter?" „Aber sicher doch, edler Meister, unweit von Bagdad gibt es eine Höhle, die nur mit den Worten `Leinsamen, öffne Dich´ zu öffnen und mit `Dinkelschrot, schließe Dich´ wieder zu verschließen ist. Dort gibt es neben Gold, Edelsteinen und anderen Preziosen sogar eine Menge passabler Teppiche, die sich ohne großen Aufwand in Flugteppiche aufrüsten ließen."

„Aber wie sollen die Wanderlumpe davon erfahren?" fragte Allerdings. „Das ist allerdings einfach, lieber Allerdings; ich sage es ihnen selbst, als ausgewachsener Geist und ohne meinen Wohnteppich; nicht, dass die Lumpen ihn wieder stehlen. Ich kann mich auch ohne Teppich frei im Raum bewegen." erklärte der Teppichgeist. „Wunderbar!" meinte Hadschi Uri Bin Geller, „Besseres wäre auch mir nicht eingefallen. Lieber Geist, eile sofort nach Bagdad und verkünde den Lumpen ihren Schatzfundort. Wenn sie den gehoben haben, mögen sie bei Dir, Allerdings, den Teppichflugunterricht nehmen dürfen. Vielleicht werden so noch ordentliche Flugtaxifahrer aus den Wanderlumpen und keiner muss sich mehr vor ihnen in Acht nehmen. Zur Sicherheit soll mein Geisterfreund aber die Fluglehrstunden begleiten. Diesen Lumpen bleibt vorerst noch nicht zu trauen." Und so geschah es. Die Wanderlumpen hatten eine

Erscheinung. Als Rauchwolke stieg der Geist des Teppichs vor der Bande aus dem Boden und geleitete die Verschreckten zur Schatzhöhle. Mit unbändiger Freude holten sie, was sie tragen konnten aus der Höhle und verschlossen sie sorgfältig mit „Dinkelschrot, schließe Dich" für späteren Bedarf. Sie nahmen bei Allerdings ausführlichen Flugunterricht, bestanden alle die Prüfung und wurden angesehene Flugtaxiführer. Vier oder fünf von ihnen, da streiten meine Gewährsmänner, wurden sogar selber Flugteppichlehrer und traten teils zu Allerdings in Konkurrenz, teils arbeiteten sie sogar in dessen Schule weiter. So wurde das Leben in Bagdad für eine kurze Weile sehr friedlich und wohlhabend, da die schlimmsten Halunken von der Straße weg waren und ordentlichen, gemeinwohligen Berufen nachgingen. Und so endet meine Geschichte von Allerdings und den Wanderlumpen in reinem Wohlgefallen und allgemeinem Sonnenschein, denn alles war gut, bis zum nächsten Abenteuer.

E n d e

Vom Sinn des Daseins

Ein philosophischer Aufsatz
(22.12.2011)

Wozu gibt es uns Menschen? Wozu gibt es das Universum, die vielen Milliarden Sterne der Milchstraße, die vielen Milliarden Milchstraßen (Galaxien) im Universum? Was ist der Grund für unser Dasein, unser Dasein und das der ungezählten Tier- und Pflanzenarten? Wozu gibt es womöglich Millionen anderer bewohnter, lebendiger Planeten? Ein Grund ist vielleicht, dass es schade wäre, wenn es nichts gäbe. Es gibt uns, weil es schön ist, dass es überhaupt etwas gibt.

Die Wissenschaftler gehen davon aus, dass ein Urknall diese Welt entstehen ließ, aber wer ließ diesen Urknall geschehen? Da es unwahrscheinlich ist, dass der Urknall aus Zufall passierte, liegt es nahe, anzunehmen, dass ein göttliches Wesen diesen auslöste. Es wollte im leeren, raum- und zeitlosen Urweltraum nicht alleine bleiben. Es wollte Gesellschaft. Wenn ein einziger Mensch auf der Welt, nicht mehr existieren würde, z.B. durch seinen Tod, gäbe es die Welt (für ihn) nicht mehr. Sie wäre für ein menschliches Wesen ausgelöscht. Wäre das Universum ohne das Zutun eines Gottes entstanden, so würde das Leben und Wahrnehmen der Welt wohl für jeden mit dem Tode enden. Doch ist für mich das Selbstwahrnehmen und Weltwahrnehmen, das uns Menschen eigen ist, der beste Gottesbeweis. Nur ein geistiges Wesen kann wahrnehmen und fühlen, kann planen und etwas bewusst verwirklichen, wie etwa einen Urknall auslösen, damit eine Welt aus dem Nichts entsteht.

Seit Einstein wissen wir, dass Materie in Energie umwandelbar ist. Es liegt nahe, anzunehmen, dass die Materie aus Energie entstanden ist. In der Sonne wird durch Kernfusion Wasserstoff zu Helium verschmolzen. Wenn der Wasserstoff aufgebraucht ist, werden schwerere Elemente erzeugt. Beim Urknall entstanden aus winzigsten Elementarteilchen Protonen und Elektronen, die sich zu Wasserstoff zusammentaten. Dieser Wasserstoff bildete Wolken aus denen die ersten Sonnen entstanden. Wenn nun alle Materie im Weltall aus Energie entstand, ist der Weg nicht weit zu der These, dass die Urenergie nicht aus Photonen bestand, sondern aus geistiger Energie. Ein Teil von Gottes Geist ging beim Urknall in Energie über, die die Materie entstehen ließ. Doch die Materie, obwohl geronnener göttlicher Geist, war unbelebt. Erst als nach Milliarden von Jahren die klimatisch gemäßigten Planeten entstanden, wurde Leben möglich. Erst da, war aus Gott, dem Schöpfergeist, Gott, der Vater, geworden.

Hätte Gott auch eine andere Möglichkeit gehabt, sein Alleinsein im All zu beenden? Hätte er uns Menschen einfach als geistige Wesen erschaffen können, als blütenreine Engelein? Nein, das glaube ich nicht. Er hätte das zwar vielleicht gekonnt, aber diese neu erschaffenen, geistigen Wesen wären keine Individuen gewesen, sondern Klone Gottes. Menschen konnten nur in der materiellen Welt entstehen. Durch unsere Hirnschale, von allen und allem anderen getrennt, hatten wir die Möglichkeit,

114

Persönlichkeiten auszubilden, eigenständig zu werden, ein Selbstbewusstsein zu entwickeln. Nur so konnte und kann jeder Mensch sein eigenes Weltbild schaffen, seine eigene Weltwahrnehmung aufbauen und am Gestalten der Welt teilnehmen.

Kann es, aber, Gottes Wille sein, dass wir nach unserem Tod ins Nichts des Vorurknalls zurückfallen? Das wäre kein gütiger Gott, der das wollte! Schließlich gibt es gravierende Ungerechtigkeiten auf der Welt, die ja auch viele Menschen am „Lieben" Gott zweifeln lassen. Wie kann man es für möglich halten, dass, an Hunger und Durst gestorbene Kinder in der Dritten Welt, blind und taub geborene oder gewordene Menschen, Behinderte und an Depressionen leidende Menschen, nach ihrem Tod keine Entschädigung für ihr leidvolles Leben erfahren sollten? Einem gesunden und reichen Menschen mag ein Leben von 80 oder 90 Jahren hinreichend erscheinen, aber die vielen Menschen, die ihr Leben lang gelitten haben, sie sollten damit zufrieden sein und nach ihrem Tod ins Nichts eingehen? Gott ist gerecht, sagt die Bibel, die Letzten werden die Ersten sein, Gott will uns trösten, uns versöhnen mit unserem Schicksal und verspricht uns ein besseres Leben im Paradies. Dass es ein Leben nach dem Tod gibt, legen auch die vielen Nahtoderfahrungen nahe, von denen kurzzeitig klinisch Tote berichten. Es gibt blind Geborene, die aus ihrer Nahtoderfahrung berichteten, dass sie dabei sehen konnten. Sie beschrieben das Behandlungszimmer und schilderten Farbeindrücke. Sie konnten die Farben nicht benennen, da sie ja in ihrem vorherigen Leben nie welche gesehen hatten, aber sie beschrieben ihre Eindrücke derselben. Für mich ist es ein Trost, zu glauben, dass es ein Leben nach dem Tod gibt, wo wir Verstorbene, Verwandte und Freunde wiedersehen werden. Wo Behinderte gesund, Hungernde satt und Depressive glücklich sein werden.

Der Mensch soll nicht alleine sein, steht schon in der Bibel. Auch Gott wollte nicht alleine sein. Mithilfe der Schöpfung wurde es möglich, dass keiner alleine bleiben musste. Das Schöne an dieser schrecklich-schönen Welt ist, dass sie so bunt und vielfältig, so flexibel und unbegrenzt ist. Die Evolution schuf eine derart unglaublich vielgestaltige Lebensvielfalt und -möglichkeit, dass es eigentlich ein Wunder wäre, wenn sie es allein und ohne geistigen Anschub und Ursprung geleistet hätte. Doch diese Welt hat auch ihre Schattenseiten. Es gibt Armut, Leid, Krankheit, Gewalt allerorten. Viele Menschen haben, nach erlittenem oder beobachteten Leid, ihren Glauben verloren. Doch für mich ist gerade die Ungleichheit der Verteilung von Glück und Unglück ein Grund, an Gott und ein besseres Leben nach dem Tod zu glauben. Es muss einen Ausgleich für dieses Missverhältnis geben. Ein Leben nach dem Leben, das uns für alles Erlittene entschädigt. Und dieses Leben danach wird mindestens so bunt und vielfältig sein, wie das davor. Was die Evolution (oder der sie antreibende Gott) in der materiellen Welt erschaffen hat, schlägt sich als Abdruck in der geistigen Welt nieder und wird dort womöglich noch veredelt und vergrößert. Das, was wir in dieser Welt getan haben, werden wir in der nächsten wieder tun, aber mit größerer Einsicht und Verständnis. Wir werden dort auf wesensverwandte Seelen treffen, mit denen wir die Interessen und Anliegen teilen. Wir werden versuchen, nicht nur den anderen Verstorbenen, sondern auch den noch in der materiellen Welt Verbliebenen zu helfen, ihnen Impulse zu geben, die Welt zu verbessern.

Es kann nicht der Sinn des Daseins sein, Bücher zu schreibe, Bilder zu malen, Skulpturen und Gebäude zu erschaffen, die irgendwann der Zahn der Zeit zernagt oder der Staub des Vergessens überdeckt, wenn nur die materielle Welt existieren würde. Nur eine rein geistige Welt kann ein ewiges Archiv und Gedächtnis der Welt enthalten, das alles jemals Geschaffene auf immer zugänglich und wahrnehmbar erhält. Wir werden Dinosaurier und Säbelzahntiger, Mammuts und Urmenschen wohl irgendwann noch mit eigenen (geistigen) Augen sehen können, werden in den Archiven der Bibliothek von Alexandria blättern können, wenn wir erst einmal gestorben sind. Doch es sollte nicht unser Ziel sein, deswegen unserem Leben ein vorzeitiges Ende zu setzen. Denn dieses Leben auf Erden ist dazu da, dass wir uns hier schon so weit als möglich weiterentwickeln, dass wir wachsen und weiter hinzu lernen; lernen, mit den Widrigkeiten des Lebens fertig zu werden und anderen das Leben so leicht und so erträglich wie möglich zu gestalten.

Denn wir leben nicht für uns allein, sondern sind Teil eines großen Ganzen.

Nachwort

Wenn ein Schriftsteller nur für sich selber und seine Schubladen, CD-Roms und Leitzordner schreibt, kann man ihn kaum glücklich und noch weniger „erfolgreich" nennen. (Kann man ihn dann überhaupt ernsthaft als einen „Schriftsteller" bezeichnen?!). Die Ablehnung von unverlangt eingesandten Manuskripten gehört zum alltäglichen Übel, das man zu ertragen hat. Die dazugehörigen Anschreiben sind so allgemein und beliebig gehalten, dass kaum zu erkennen ist, was besser oder anders zu machen wäre, um bei dem jeweiligen Verlag als Autor in Frage zu kommen.

Was schließt man daraus? Selbstverlag ist riskant und nicht besonders billig: Lässt man zu viel drucken, hat man günstige Stückpreise, aber hohe Gesamtkosten und bleibt auf unverkauften Exemplaren sitzen. Lässt man zu wenige drucken, ist das Problem geringer, denn man hat ja offensichtlich die zu kleine Auflage an den Leser gebracht. Die Stückpreise sind bei einer zu kleinen Auflage zwar höher, aber man kann ja dann eine größere Anzahl nachdrucken lassen. Nur, kann man nicht sicher sein, ob der potenzielle Leser, dem man, etwa nach einer Lesung, sagen musste, dass er heute leer ausgeht, einige Tage nach der Lesung noch Interesse hat an dem vergriffenen Buch und seiner möglichen Neuauflage.

Was kommt statt Selbstverlag in Frage: Druckkostenzuschussverlage! Gar nicht gut! Sie sind bei Kennern der Verlagsszene bekannt und verschrien. Man gilt als übertrieben ehrgeizig und scharf auf eine Veröffentlichung, wenn man diese Variante wählt. Billig sind diese Verlage für den Autor übrigens auch nicht, man muss eine Startauflage finanzieren und der Verlag bemüht sich kaum, diese Auflage auch abzuverkaufen. Die Werbemaßnahmen muss der Autor selbst leisten.

Was bleibt: Heutzutage, ganz klar, Books on Demand,

womöglich mit einer E-Book-Version gekoppelt, wie das vorliegende Buch übrigens auch. Diese individualisierte und flexible Herausgabeform besticht durch den klaren Vorteil: Die Auflage ist nie zu hoch und nie zu niedrig, weil nur gedruckt wird, was vorher auch bestellt wurde. Und wer als Autor eine Lesung hält, kann sich zuvor ja ein paar Ausgaben selbst bestellen und zum Buchhandelspreis an die interessierten Leser abgeben. Genial und modern, dieses System.

Kann man mir nun vorwerfen, dass ich zu sehr nach Öffentlichkeit strebe? Mag ja sein. Aber damit kommen wir zur Ausgangsfrage: Ist ein Schriftsteller ein Schriftsteller, wenn er nur für die eigene Ablage schreibt? Ein Schriftsteller, der diese Bezeichnung verdienen möchte, muss ja nach Öffentlichkeit „gieren", sonst könnte er es auch bleiben lassen, zu schreiben.

Und warum will kein normaler Verlag meine Sachen drucken? Vielleicht bin ich einfach zu altmodisch im Stil; zu gereimt, zu unernst, zu versponnen. Die modernen Lyriker schreiben häufig verquasten Wortmüll, sind aber hoch angesehen, werden gedruckt, landen dann aber in der Grabbelkiste im Kaufhaus als Mängelexemplare, deren einziger Mangel der Aufdruck „Mängelexemplar" ist. Die Verlage wollen keine anderen Gedichte drucken, abgesehen von den humoristischen Klassikern, die Leser indes, lesen die modernen Gedichte oft nur zögerlich und kaufen sie nur in kleinen Stückzahlen. Ich will nicht generell gegen moderne Lyrik wettern, es gibt einige, die ich sehr gut und ansprechend finde, etwa Jörn Pfennig, Erich Fried oder Reiner Kunze.

Aber warum dürfen nur verstorbene Dichter reimen?

Wie schwer es Robert Gernhardt hatte, von der Kritik ernst genommen zu werden, ist vielleicht bekannt, nachvollziehbar ist es eigentlich nicht.

Inhaltsverzeichnis

Gereimtes - Sinn- und Unsinngedichte

Ungereimtes – Vorwiegend unsinnige Texte und ein philosophischer